철학으로 다잡는
열다섯의 공부법

철학으로 다잡는
열다섯의 공부법

생각 근육과 공부력을 키워 줄 다섯 철학자 이야기

김범준 지음

블랙피쉬
Black Fish

철학자로부터 배우는
위대한 공부법

· · · ·

소크라테스, 칸트, 베이컨, 헤겔, 니체! 이름만 들어도 가슴
이 뛸 정도로 대단한 분들입니다. 이 위대한 철학자들은 수천
년이 흐른 지금까지도 우리의 생각에 큰 영향을 끼치고 있습니
다. 그런데 그거 아시나요? 최고의 현명함을 지닌 철학자들의
지혜를 통해 당장 우리에게 필요한 최고의 공부법을 발견할 수
있다는 것 말이에요.

이제부터 우리는 이분들로부터 위대한 공부법을 배울 거예
요. 인류의 생각을 이끌고 또 만들어 낸 철학자들을 통해 최고
의 학습법을 배워 지금 당장 눈앞의 성적은 물론, 앞으로 우리
가 살아감에 있어 도움이 되는 교훈을 얻는다니! 이것이야말로

일석이조가 아닐까요?

소크라테스의 "너 자신을 알라!"라는 말을 들어 봤지요? 그의 말처럼 자신의 강점과 약점, 관심사를 살펴보고 '나 자신을 파악하는 것'은 효과적인 공부법의 첫걸음이에요. 또한 그는 대화와 질문을 통해 진리에 다가갈 수 있다고 했지요. 여러분도 선생님이나 친구들과 이야기를 나누고, 토론을 하면서 능동적으로 학습하는 방법을 배웠으면 합니다.

칸트는 "깨달음을 얻기 위해 감히 지혜로워질 용기를 가져라!"라는 말을 했어요. 우리는 공부하는 과정에서 어려움이 있어도 포기하지 말아야 하는데, 이 말은 그 이유가 되는 것 같습니다. 고민하고 질문하며 답을 찾아가는 과정 자체가 성장이니까요. 공부한다는 건 결국 용기라는 걸 알았으면 합니다. 용기가 공부법과 이어진다는 사실, 그것을 배워 봅니다.

베이컨은 "지식은 힘이다."라는 말을 했습니다. 이때 지식은 단순 암기를 말하는 게 아니에요. 개념을 이해하고 실생활에 적용하는 것이 진정한 앎이라는 뜻이지요. 알기 위해 관찰을 중요하게 여기면서 선입견을 없애라는 베이컨을 통해 우리의 공부법은 한 단계 발전할 거예요. 배운 내용을 자신만의 언어로 설명하고, 구체적인 사례와 연결 짓는 연습을 해 보면 좋겠습니다.

헤겔은 변증법을 통해 모순된 개념의 통합을 추구했습니다. 변증법과 모순, 어디선가 들어 본 단어지요? 이를 우리의 공부에 연결해 볼 거예요. 여러 교과목을 연결하여 통합적으로 사고하는 것은 학습에 큰 도움이 돼요. 예를 들어 역사 속 사건을 문학적으로 표현하거나, 수학 개념을 예술 작품에서 찾아보는 식으로요.

니체는 "스스로 채찍질하는 자가 되어라."라고 했습니다. 공부에서도 자기 동기 부여와 의지가 무엇보다 중요하다는 것이지요. 스스로 목표를 세우고 실천하는 습관을 기른다면 어려운 문제도 헤쳐 나갈 수 있을 거예요. 남의 채찍질이 아닌, 나 자신을 위해 스스로 하는 채찍질에 익숙해지는 게 어떨까요? 남의 채찍질에 움직이는 건 생각만 해도 별로네요.

소크라테스, 칸트, 베이컨, 헤겔, 니체. 이름만으로는 다가서기 어려운 철학자들입니다. 그만큼 위대한 분들이지요. 이들의 생각을 잘 읽어 낸다면, 철학자들의 가르침을 이해하고 자신만의 공부법을 발견하여 지적 호기심과 열정을 키울 수 있다면, 여러분은 분명 한 단계 더 성장한 나를 발견할 수 있을 겁니다.

'구글 스칼라'라는 학술 논문을 검색하는 사이트가 있습니다. 여기 첫 화면의 글이 참 멋져서 소개해 봅니다.

"거인의 어깨에 올라서서 더 넓은 세상을 바라보라."

- 아이작 뉴턴

여러분이 미래의 주인공으로 성장하는 데 소크라테스, 칸트, 베이컨, 헤겔, 니체의 이야기가 큰 도움이 되기를 바랄게요. 그들의 어깨에 당당히 올라서서 한층 더 성장한 나를 발견하고, 더 넓은 세상을 바라볼 수 있기를 기대합니다.

김 범 준

차례

우리에게 공부법을 알려 줄

다섯 철학자를 소개합니다!

1장

소크라테스

너 자신을 알라!

1
소크라테스를
소개합니다!

소크라테스(Socrates, B.C.470?~B.C.399)! 아마도 어디선가 한 번쯤은 들어 봤을 거예요. 하지만 정작 소크라테스가 누구인지, 왜 위대한 철학자로 불리는지 잘 모를 수도 있지요. 그래서 여러분에게 소크라테스를 조금 더 친근하게 소개할까 해요.

석공과 산파의 아들로 태어나다

소크라테스는 기원전 470년경에 그리스 아테네에서 태어났어요. 지금으로부터 약 2,500년 전의 일이지요. 석공(石工, 돌을 다루어 물건을 만드는 사람)의 아들로 태어난 소크라테스는 어릴 때부터 지식에 대해 알고자 하여 그 과정에서 만족감을 얻는

'지적 호기심'이 강했어요. 그의 어머니는 산파(産婆, 아이를 낳을 때 아이를 받고 산모를 도와주는 일을 하던 사람)였는데, 이것은 후에 그의 철학에 큰 영향을 줬지요. 산파가 아이를 세상 밖으로 이끄는 것처럼, 소크라테스는 대화와 질문으로 사람들 안에 숨어 있는 지혜를 끌어냈거든요.

　아마 여러분은 소크라테스를 공부만 했던 사람으로 생각할 텐데요. 그는 사실 용감한 군인이기도 했어요. 기원전 5세기에 일어난 아테네와 스파르타의 전쟁인 펠로폰네소스 전쟁에 참가했지요. 그는 전쟁터에서 스파르타군에 맞서고, 전우들을 구하기 위해 정의롭게 목숨을 걸고 싸웠어요. 이런 경험은 소크라테스가 진리와 정의에 대해 깊이 생각해 보는 계기가 되었답니다.

나 자신을 아는 것에서부터 출발하는 철학

　전쟁이 끝난 뒤, 소크라테스는 고향 아테네로 돌아와 본격적으로 철학에 몰두했어요. 그는 진리를 추구하는 것을 자신의 소명으로 여겼지요. 그런데 소크라테스의 철학 방식은 조금 특이했어요. 다른 학자들처럼 책을 쓰거나 체계적인 이론을 세우는 대신, 광장을 거닐며 만나는 사람들과 끊임없이 대화를 나눴거든요.

소크라테스는 "너 자신을 알라!"는 말을 철학의 출발점으로 삼았어요. 이 말은 그리스 델포이에 있는 아폴론 신전에 새겨져 있는 문구예요. 그는 진정한 앎은 자기 자신에 대한 끊임없는 성찰에서 비롯된다고 믿었어요. 그래서 소크라테스는 사람들에게 끊임없이 질문을 던졌어요. "정의란 무엇인가?", "용기란 무엇인가?", "참된 지혜란 무엇인가?" 이런 근본적인 질문을 통해, 그는 사람의 마음속에 숨어 있는 진리를 끌어내려고 했답니다.

소크라테스의 대화 방식은 독특했어요. 그는 결코 자신이 모든 것을 안다고 주장하지 않았지요. 오히려 자신은 아는 것이 없다고 겸손히 고백했답니다. "내가 아는 것이라고는, 내가 모른다는 사실뿐이다." 소크라테스의 유명한 이 말처럼, 그는 상대방을 가르치려 들기보다 함께 진리를 탐구하는 동료로 대했습니다.

질문을 통한 모두의 성장

소크라테스는 모르면 포기하지 않고, 모르면서 아는 척하지 않고, 자신의 모름을 알아차리고 상대방에게 진지한 질문을 던졌어요. 그리고 상대방의 대답에 귀 기울이며, 상대방의 모순된

점을 지적하고, 다시 질문을 던졌지요. 이런 대화의 과정을 통해 많은 사람이 자신이 믿어 왔던 것에 의문을 품고, 새로운 깨달음을 얻을 수 있었어요. 소크라테스 자신 또한 성장했지요.

소크라테스는 특히 젊은이들과의 대화를 즐겼어요. 아테네의 광장과 시장을 누비며 젊은이들을 불러 세워 놓고 끊임없이 질문을 던졌지요. 왜 그랬을까요? 그는 진정한 교육이란 단순히 지식을 전달하는 게 아니라, 학생 스스로 진리를 깨닫도록 이끄는 거라고 믿었기 때문이에요. 이를 위해 학생과 계속 대화를 시도했지요. 이런 점은 임산부의 출산을 돕는 산파의 정신과 맞닿아 있습니다. 상대방의 마음속에 있는 잠재된 지혜를 꺼내는 데 도움을 주는 마음이지요.

진리를 향한 용기 있는 삶

소크라테스의 철학은 당대 사회에 큰 영향을 끼쳤어요. 그의 제자 중에는 위대한 철학자 플라톤과 세계 정복자 알렉산더 대왕의 스승 아리스토텔레스도 있었습니다. 그의 사상은 기존 질서에 도전하는 것이기도 했어요. 특히 자신이 살던 아테네 사회의 지배적인 가치관과 권위에 의문을 제기했는데, 이런 질문은 사회·경제적으로 힘 있는 사람들, 즉 기득권층을 불편하

〈소크라테스의 죽음〉 소크라테스가 독약이 든 잔을 받기 직전에 제자 및 동료들과
마지막 대화를 나누는 모습을 그린 작품(자크 루이 다비드, 1787)

게 했지요.

결국 소크라테스는 아테네의 지배층과 대립하게 됩니다. 기
원전 399년, 소크라테스는 기득권 세력으로부터 그가 신을 믿
지 않고 젊은이들을 타락시킨다는 이유로 재판을 받았어요. 소
크라테스는 결백을 주장했지만, 결국 유죄 판결을 받고 독배를
마십니다. 그러나 그는 죽음 앞에서도 흔들리지 않았어요. 소
크라테스에게 진리를 향한 정직하고 용기 있는 삶이란 그 무엇
과도 바꿀 수 없는 소중한 가치였거든요.

'진짜' 공부를 위한 배움의 여정

소크라테스는 특별한 책을 남기지 않았어요. 하지만 그의 제자 플라톤이 스승과 나눈 대화를 기록으로 남겼지요. 지금도 우리가 서점에 가면 볼 수 있는 《플라톤의 대화편》이 대표적인 도서예요. 플라톤 덕분에 여러분은 소크라테스의 사상을 엿보게 된 겁니다. 무엇보다 삶 자체로 철학을 실천했던 소크라테스의 모습을 놓치지 않게 되었다니, 다행이지요?

소크라테스는 단순히 지식을 전달하는 것이 아니라, 제자들 스스로 깨달음을 얻도록 이끈 참된 교육자였어요. 소크라테스에 따르면 공부란 우리가 지금 고민하고 있는 시험, 혹은 성적을 위한 것이 아니에요. 평생 진리를 탐구하고 자신을 돌아보는 고귀한 여정 그 자체이지요.

우리가 소크라테스의 정신을 이어받는 멋진 학생이 되어 보는 건 어떨까요? 공부가 힘들고 지칠 때 소크라테스를 떠올리는 거예요. 질문을 던지고, 스스로 생각하고, 모르는 것을 겸허히 인정하는 지혜! 바로 그것이 진정한 소크라테스 스타일의 공부법이랍니다.

여러분에게는 무한한 가능성이 있어요. 소크라테스의 생각을 공부의 지렛대로 삼아 봐요. 앎의 길을 두려워하지 않고 용기 있게 걸어가는 여러분에게 소크라테스의 목소리가 큰 힘이 되기를 기대합니다. 자, 이제 더 나은 내일을 위한 지혜를 깨우러 가 볼까요? 🐰

2
나는 내가 모른다는 것을 안다

모르는 것을 깨닫는 데서 출발하는
소크라테스식 공부법

여러분은 공부라는 멋진 모험을 떠나고 있어요. 하지만 가끔은 길을 잃은 것 같아 막막할 때도 있지요. '내가 뭘 모르는지도 모르겠어. 도대체 어떻게 공부해야 할까?' 그럴 때, 우리에게 손을 내밀어 주는 고마운 스승이 있어요. 바로 철학자 소크라테스입니다.

"내가 아는 것이라곤 내가 모른다는 사실뿐이다."

소크라테스는 이렇게 말했어요. 멋진 말씀이지요? 자기가 무지(無知, 아는 것이 없음)하다는 걸 깨닫는 것, 그것이야말로 진정한 지혜의 출발점이라고 말한 거예요. 척척박사처럼 모든 걸 안다고 자랑하거나 뽐내기보다는, 대충 안다고 넘기기보다는, 모르는 게 많다는 사실을 낮은 자세로 받아들이는 것! 이것이 소크라테스식 공부법의 핵심이에요.

소크라테스도 처음부터 대단한 철학자는 아니었어요. 그저 평범한 사람이었지요. 하지만 진리에 대한 열정이 가득하여 끊임없이 질문하고 탐구했답니다. 고대 그리스의 현자(賢者, 어질고 총명한 사람)들과 치열한 토론도 펼쳤지요. 그 과정에서 소크라테스는 인간의 무지와 오만함을 깨닫게 되었답니다. 깨달음의 결론은 과연 무엇이었을까요?

"진정한 앎에 이르려면 먼저 무지를 깨달아라.
자신의 무지를 인정할 때 비로소 끝없는 탐구의 여정이 시작된다."

공부는 단순히 지식을 쌓는 과정이 아니에요. 내 안의 무지와 만나고, 그것을 극복해 나가는 치열한 노력의 연속이지요. 때로는 내가 아는 것마저도 의심하고, 새로운 질문을 던져 볼 용기가 필요해요. 참된 앎을 향한 겸손한 자세, 그것이 소크라테스가 우리에게 전하려던 메시지입니다.

그러니 모르는 것이 자꾸 나온다고 해서 속상해하지 말아요. 무지를 인정하는 것은 곧 성장의 기회를 스스로에게 주는 일이니까요! 이제 모르는 게 있다면 언제든 부끄러워하지 말고 물어봐요. 선생님께 여쭈어도 되고, 친구들과 함께 이야기를 나눠도 좋아요. 머리를 맞대고 지혜를 모으는 과정을 통해 멋진 발견의 기쁨도 맛볼 수 있거든요.

모르면 말하세요. 소크라테스의 제자 플라톤도 이렇게 말했답니다. "좋은 대화 없이는 좋은 삶도 없다." 서로의 생각을 나누고 토론하는 소통의 장, 그것이야말로 성장의 자양분입니다. 우리가 함께 공부할 때 비로소 앎의 지평은 더 넓고 깊어지는 법이에요. 모르는 걸 솔직히 인정하는 태도는 선생님들의 마음도 움직일 수 있답니다.

'무지를 겸허히 고백하는 사람에게 신들은 지혜를 선물로 내려 준다.'라는 말이 있습니다. 여러분이 솔직하고 겸손한 자세를 보이면 학교 선생님들도 감동하셔서 열심히 가르쳐 주고 싶어 하실 거예요. 모르는 걸 부끄러워하기보다 당당히 질문하는 여러분의 모습에서, 선생님들은 배움에 대한 여러분의 열정을 발견할 테니까요.

소크라테스의 말처럼 참된 앎은 겸손한 마음에서 비롯됩니다. 우리가 스스로 자신의 무지를 깨닫고 끊임없이 질문하며 배우려 할 때 지혜로운 삶을 살 수 있을 거예요. 그러면 학교 성적도 자연스럽게 따라 올라갈 겁니다. 내가 모르는 게 두렵거나 부끄러운 게 아니라는 걸 알아차리는 순간에 성장의 기회가 열릴 테니까요.

기죽지 말고 도전해 봐요! 공부하면서 어려움에 부딪힐 때마다 소크라테스의 가르침을 떠올립시다. '나는 내가 모른다는 걸 안다.'라는 겸허한 자세로 스스로 무장하고, 두려움 없이 앞으로 나아가는 거예요. 이 책을 통해 얻은 공부법을 친구들과 나누며 서로를 격려하는 것도 잊지 말아요. ☙

생각이 열리고 성적이 오르는 공부팁

무지 자각 노트

매일 공부를 마친 뒤 '오늘 새롭게 알게 된 것은 무엇인가?', '아직 이해하지 못한 것은 무엇인가?'를 정리해 봐요. 이를 통해 자신의 지식 상태를 객관적으로 파악하고, 부족한 부분을 보완할 수 있어요.

질문 우선 학습법

새로운 단원을 시작할 때 먼저 자신이 모르는 것에 대해 질문 리스트를 작성해요. 예를 들어 '이 개념은 왜 중요한가?' 등의 질문을 만들고, 이에 대한 답을 학습 과정에서 찾아가요. 더욱 깊이 있는 이해와 비판적 사고력을 키우는 데 도움이 될 거예요.

오답 칭찬 일기

틀린 문제를 단순히 고치는 것이 아니라 왜 틀렸는지, 오답에서 무엇을 배울 수 있는지 분석해요. 이를 통해 자신의 취약점을 파악하고, 실수를 반복하지 않을 수 있어요. 오답을 바라볼 줄 아는 자신을 인정한다는 의미에서 '오답 일기'라고 하지 말고 '오답 칭찬 일기'라고 해 주세요.

3
산파술로 지식을 키워라

문답법에서 배우는 질문하는 공부법

'산파술'이라는 말이 있습니다. 임산부나 태아를 다루는 기술을 뜻하는 단어지요. 하지만 보통 사람들은 산파술이라고 하면 단어의 뜻보다는 소크라테스를 먼저 떠올립니다. 그가 말한 산파술은 상대편에게 질문을 던져 스스로 무지를 깨닫게 하고, 사물에 대한 올바른 개념에 도달하게 하는 기술이지요.

소크라테스는 자신을 '철학의 산파사'라고 불렀어요. 산파가 아이를 세상 밖으로 나오게 도와주듯이, 자신이 제자들의 마음속에 잠재된 지혜를 끄집어내는 것을 도와주는 사람이라고 생각한 거예요. 그 비결은 '문답법'에 있었습니다. 문답(問答), 즉 물음과 대답을 통해 제자들 스스로 진리를 깨닫게 하는 방법이지요.

소크라테스는 제자들에게 무엇인가를 가르친다고 하지 않았어요. 다만 서로 묻고 대답하며 제자들이 스스로 깨닫도록 돕는다고 생각했지요. 선생님이란 일방적으로 지식을 전달하는 게 아니라, 제자들 마음속에 이미 존재하는 앎을 끌어낼 줄 아는 사람이라는 것, 제자들 안에 있는 무엇인지 모를 멋진 씨앗이 무럭무럭 자라나 훌륭한 열매를 맺도록 돕는 것, 이것이 바로 산파술의 핵심입니다.

산파술의 핵심은 우리의 공부에도 적용할 수 있어요. 공부할 때 모르는 게 나오면 고개를 끄덕이며 그냥 외우려 하지 말고 스스로 끊임없이 질문을 던져 봐요. '왜 이런 결과가 나오지?', '다른 방식으로 접근하면 어떨까?', '이 개념을 일상에 적용하면 무슨 일이 벌어질까?' 이러한 호기심을 동력 삼아 깊이 파고드는 거예요. 바로 그 순간 여러분은 진리의 산파가 되어 스스로 앎을 창조하게 됩니다.

소크라테스의 문답은 상대방의 답변에 따라 다음 질문을 던지는 연쇄적인 과정이에요. 소크라테스의 가르침을 담아낸 책 《플라톤의 대화편》에는 이러한 이야기가 나옵니다.

"앎이 무엇인지 말해 보게.

자네 말이 맞으면 기꺼이 옳다고 인정하겠네.

자네 말이 틀리면 반박하도록 하지.

우리 함께 진리를 찾아가 보세."

여기서도 소크라테스는 제자에게 앎의 정의를 묻고, 또 제자의 대답에 따라 날카로운 질문을 던집니다. 이렇게 묻고 답하는 과정을 통해 점차 앎의 실체에 다가갑니다.

우리도 이렇게 해 볼까요? 책을 읽거나 문제를 풀다가 막힐 때 좀 더 깊이 질문하는 거예요. 교과서나 참고서에 나온 설명을 있는 그대로 받아들이는 대신에 이렇게 스스로에게 묻는 겁니다. '이 개념은 어떤 배경에서 나왔을까?', '저자는 왜 이런 주장을 펼쳤을까?', '나는 이에 대해 어떻게 생각하지?', '반론할 점은 없을까?'

한 번 답하고 끝내면 섭섭하지요? 그 답에서 이어지는 새로운 질문을 스스로 만들어 보는 건 어떨까요? 마치 탐정이 사건의 실마리를 좇듯이, 여러분의 호기심이 미궁에 빠진 개념들을 풀어내는 열쇠가 될 테니까요. 이렇게 계속 파고들다 보면 어느새 여러분은 소크라테스가 말하는 지혜에 다다를 거예요.

물론 실천하는 것이 생각만큼 쉽지는 않을 겁니다. 괜찮아요. 소크라테스도 처음부터 완벽한 산파는 아니었을 테니까요. 소크라테스 역시 오랜 시행착오 끝에 찾아낸 방법이었겠지요.

우리도 서툴고 어색하더라도 꾸준히 연습해 봐요. 머리를 쥐어
짜는 듯이 힘들게 하지 말고, 마치 친구와 재미난 수다를 떠는
것처럼 가볍게 시작하는 거예요.

공부란 그런 거 같아요. 놀이처럼 즐겁게 해야 하되 집요함
이 있어야 하는 것! 우리의 질문의 화살이 빗나가더라도 앎을
위해 우리는 과녁을 향해 계속 쏘려는 마음가짐이 있어야 해
요. 소크라테스 역시 제자들에게 항상 즐겁게 탐구하되, 결코
진리를 향한 열정은 잃지 말라고 강조했으니까요.

우리도 앎의 산파가 되어 볼까요? 여러분 안에 있는 잠든 지
혜를 깨우는 것, 정말 멋진 일이겠지요? 궁금한 건 물어보고,
토론하고, 때론 논쟁도 마다하지 않는 거예요. 그 과정이 두렵
고 버거울 때도 있겠지만, 여러분이 낳은 지식의 씨앗은 어느
새 훌쩍 크고 있을 테니까요.

"진정한 앎은 답을 아는 것이 아니라
질문할 줄 아는 것이다."

소크라테스가 한 이 말의 핵심은 '질문'입니다. 질문을 해야
그 질문이 여러분을 진실의 방, 아니 '진리의 방'으로 데려다줄
수 있으니까요. 소크라테스처럼 물어보고 또 물으면서 앎의 세

계를 항해해 봐요. 질문하고 토론하는 것이야말로 진리에 이르
는 지름길입니다. 진리는 혼자 깨닫는 것이 아니라 함께 발견
하는 것이니까요. 🕊

생각이 열리고 성적이 오르는 공부팁

짝꿍 학습법

친구와 짝을 이뤄 서로 번갈아 가며 선생님 역할을 맡아 개념을 설명하고 질문을
주고받아요. 이 과정에서 자신이 이해하지 못한 부분을 발견하고, 더 깊이 있는
이해를 얻을 수 있어요.

질문 중심 마인드맵

중심 개념을 놓고 '이것은 무엇인가?', '왜 중요한가?', '어떻게 적용되는가?' 등
의 질문을 가지로 뻗어 나가는 형태로 정리합니다. 개념 간의 연관성을 파악하고
전체적인 이해를 높이는 데 도움이 됩니다.

소크라테스 토론 클럽

특정 주제에 대해 친구와 질문을 주고받으며 토론해 봅니다. 교과서 속 주제도 좋
고, 최근 이슈가 된 기사도 좋습니다. 이 과정에서 다양한 관점을 접하고, 자신의
생각을 명확히 표현하는 능력을 기를 수도 있어요.

4
진리를 향한 사랑, 철학

· · ·

소크라테스가 가르쳐 준 앎에 대한 겸손과 열정

이제 소크라테스가 가르쳐 준 또 하나의 소중한 가치, 바로 '앎에 대한 겸손과 열정'에 대해 이야기해 봅시다.

"참된 지혜는 자신의 무지를 아는 데서 시작한다.

알면 알수록 모르는 것이 더 많다는 사실을 깨닫게 된다."

멋진 통찰이에요. 진정한 앎이란 자신의 무지를 겸허히 인정하는 데서 출발한다는 거예요.

소크라테스는 자신을 스스로 '무지의 현자'라고 불렀어요. '아는 게 없는데 지혜로운 자'라는 뜻일까요? 아니지요. '아는 것이 없다는 걸 스스로 아는 사람이 가장 지혜로운 자'라는 뜻입니다. 이런 겸손한 자세야말로 끝없는 탐구의 원동력입니다. 물론 이 자세를 유지하는 건 쉽지 않습니다. 소크라테스도 이렇게 말했으니까요.

> **"진리를 좇는 일은 고된 여행길이다.**
> **하지만 가장 값진 것이다."**

공부하다 힘이 들 때는 이 말을 떠올려 봐요. 조금 힘들더라도 값진 것을 위해 참아 보는 거예요. 내가 무엇을 모르는지 안다는 깨달음, 그것이 성장의 첫걸음이라는 것을 기억해야 해요. 잘 안다고 자만하기보다는 언제나 부족한 점을 겸손히 받아들이는 것이지요. 그럴 때 여러분은 더 넓고 깊은 지식의 바다로 뛰어들 수 있어요. 소크라테스는 제자들에게 늘 이렇게 말했어요.

> **"진리는 우리 밖에 있는 것이 아니라 우리 안에 있다.**
> **다만 우리가 알지 못할 뿐이니,**
> **끝임없는 대화와 성찰을 통해 그것을 일깨워야 한다."**

우리가 찾는 진리는 멀리 있는 게 아니에요. 이미 우리 안에 있는 씨앗이지요. 다만 그것을 싹틔우고 꽃피우기 위해서는 열정적인 탐구가 필요해요. 혼자 고민하고 또 친구들과 토론하면서 우리 안의 지혜를 일깨우는 거예요. 공부가 힘들고 지칠 때도 있겠지만, 포기하지 말아요. 앎에 대한 사랑과 열정이 있는 한 언제나 다시 일어설 수 있어요.

"자기 자신을 아는 것이 모든 지혜의 시작이다."

소크라테스의 이 말을 가슴에 품어 봅시다. 배움의 길은 결코 끝이 없어요. 우리의 영혼이 지식을 간절히 바라는 한, 우리의 성장은 멈추지 않을 테니까요.

소크라테스의 제자 크세노폰은 "소크라테스에게 있어 질문하고 대화하는 일은 곧 영혼을 돌보는 일이었다."라고 말했어요. 우리 모두 공부를 이렇게 대할 수 있도록 노력해 봐요. 시험을 잘 보기 위한 수단이 아니라, 여러분의 영혼을 성장시키는 고귀한 작업으로 말이에요. 매일매일 조금씩 스스로 무지를 깨닫고, 겸손히 배우는 즐거움을 통해, 크세노폰이 말한 것처럼 여러분의 질문과 대화 하나하나가 결국 여러분의 영혼을 가꾸는 일이 되길 기대합니다.

그럼 오늘도 앎에 대한 겸손과 열정으로 무장하고 공부의 길로 나아가 볼까요? 가벼운 마음으로, 그러나 진리를 향한 뜨거운 사랑을 품고서 말이지요. '나는 내가 모른다는 것을 안다.'라는 깨달음이 여러분의 날개가 될 거예요. 무한한 가능성을 향해 도전할 수 있는 용기의 날개 말이에요. 🐰

생각이 열리고 성적이 오르는 공부팁

배움의 기쁨 일기
매일 공부를 마친 뒤 '오늘 배운 것 중 가장 흥미로웠던 것은?', '이 지식이 나의 삶에 어떤 의미가 있을까?'와 같은 질문에 답하며 학습의 의미를 되새깁니다. 이렇게 공부에 대한 열정을 유지하고 내적 동기를 강화해요.

5
덕과 앎의 일치를 추구하라
· · ·
참된 앎은 삶으로 이어진다는 소크라테스의 교훈

소크라테스는 우리 안에 이미 있는 지혜의 씨앗을 발견하고, 싹을 틔우기 위해 끊임없이 노력하는 자세를 강조했어요. 이렇게 보면 소크라테스가 '알기만 하면 모든 게 끝난다.'라고 말한 것으로 오해할 수도 있겠어요. 하지만 소크라테스는 오직 아는 것만으로는 부족하다고 했어요. 알면 행해야 한다고 했거든요. 소크라테스의 말을 조금 더 살펴볼까요?

"진정한 앎은 행동으로 드러나는 법이다.
아는 것과 행하는 것은 다르지 않으므로,
참된 앎은 곧 덕(德)이 가득한 삶으로 이어져야 한다."

진정으로 안다는 것은 단순히 머릿속에 지식을 쌓아 두는 게 아닙니다. 소크라테스는 그 앎을 삶 속에서 실천하는 것, 그것이 바로 참된 앎이라고 말합니다. 우리가 공부를 통해 얻은 지혜가 우리의 행동을 변화시키고, 더 나은 사람이 되게 해야 한다는 뜻이에요. 그래서 이런 말도 남겼지요.

"가장 훌륭한 공부는 덕에 관한 탐구다."

이처럼 소크라테스는 덕을 정말 중요하게 생각했어요. 그에게 있어 덕이란 단순히 옳고 그른 것을 아는 것이 아니었어요. 옳은 것을 행동으로 옮기는 것, 즉 실천으로 이어지는 것까지가 덕의 본질이라 했어요. 그래서 소크라테스는 제자들에게 늘 이렇게 말했어요.

"지혜로운 자는 자신이 아는 대로 살아가는 법이다.
앎과 삶이 하나 될 때 비로소 참된 행복에 다가갈 수 있다."

여러분도 공부할 때 이 점을 명심하면 좋겠어요. 시험을 잘 보기 위해, 좋은 성적을 얻기 위해 공부하는 것, 물론 중요합니다. 하지만 그보다 더 소중한 것은 우리가 배운 것을 삶에 적용하는 일이에요. 책에서 배운 양심의 소리에 귀 기울이고, 정직과 용기의 가치를 실천하기 위해 노력해야 합니다. 그렇게 앎과 삶을 일치시켜 나갈 때, 여러분은 진정한 성장을 맛볼 수 있답니다.

물론 처음부터 쉽지만은 않을 거예요. 머릿속으로는 알고 있는데 막상 행동으로 옮기기가 힘들 때가 있으니까요. 하지만 괜찮아요! 포기하지 않는다면 여러분은 분명 해낼 수 있어요. 소크라테스도 우리를 믿고 있으니까요. 실제로 소크라테스는 제자들의 용기와 도전 정신을 높이 샀답니다.

"앎의 길은 결코 평탄한 것이 아니다.
수많은 유혹과 좌절이 너희를 기다리고 있을 것이다.
하지만 진리를 향한 순수한 마음이 있는 한,
나는 언제나 너희와 함께 걸어갈 것이다."

여러분도 소크라테스의 이 응원을 가슴에 새기며 앞으로 나아가면 어떨까요. 넘어지고 깨지는 것이 두려워 앎을 삶으로 옮기는 일에 머뭇거리지 말아요. 여러분에겐 좋은 사람들이 있잖아요. 좋은 선생님과 친구들, 부모님, 모두 함께 손잡고 걸어가는 한 여러분은 혼자가 아니랍니다.

소크라테스의 제자 플라톤은 이런 말을 했어요. "소크라테스에게 있어 진정한 앎은 곧 좋은 삶, 아름다운 삶과 다르지 않았다. 그가 보여 준 철학은 결코 관념의 체계가 아니었다. 그것은 생생하게 살아 움직이는 지혜였다." 우리도 이런 삶을 살 수 있으면 좋겠어요. 머릿속에서만 맴도는 지식이 아니라 우리 삶의 무늬가 되는 앎 말이에요. 내가 아는 대로, 내가 믿는 대로 당당하게 살아가는 거예요.

비록 세상의 기준에서 보면 어리석어 보일지 몰라도, 우리 가슴속 양심의 소리를 따르는 용기 있는 삶! 소크라테스는 그것이야말로 가장 아름다운 삶의 방식이라 말했답니다.

여러분도 그런 삶에 도전할 수 있어요! 여러분이 배운 소중한 가치를 실천하기 위해 노력하는 거예요. 친구를 도와주고, 정직하게 행동하고, 나보다 남을 먼저 생각하는 일 등 작은 것부터 실천해 나가다 보면 어느새 여러분 삶 자체가 빛나는 배움터가 되어 있을 거예요.

배움의 길은 계속되어야 해요. 배운 것을 실천하는 삶도 마찬가지입니다. 배움에 대한 노력을 아까워하지 말아요. 진리에 이르기까지 쉽게 물러서지도 말아요. 진리를 향한 사랑이 여러분의 영혼을 멋지게 만들어 줄 거예요. 배운 진리를 일상에서 잘 풀어 나간다면 세상은 여러분을 멋진 사람으로 봐 줄 겁니다. 그러니 여러분은 여러분 안에 있는 빛나는 씨앗, 바로 그 지혜와 용기의 씨앗을 틔워 나가기만 하면 됩니다. ✌

6
영혼을 돌보는 참된 공부

소크라테스의 영혼관에 비춰 본
공부의 참된 의미와 목적

지금까지 소크라테스로부터 무지의 자각, 산파술, 앎에 대한 겸손과 열정, 덕과 앎의 일치 등을 배웠어요. 이제 소크라테스의 가장 깊은 통찰, 바로 '영혼'에 대해 이야기해 보려 해요. 영혼을 돌보는 것이야말로 공부의 궁극적인 의미라 할 수 있거든요. 소크라테스는 이렇게 말했어요.

"인간에게 가장 소중한 것은 영혼이다.
그러므로 영혼을 돌보고 가꾸는 일보다 더 중요한 것은 없다."

우리는 보통 겉으로 보이는 것들, 몸이나 물질적인 것에 집착하곤 해요. 성적도 어쩌면 겉으로 보이는 것일 수 있겠네요.

하지만 소크라테스는 우리의 본질은 영혼에 있다고 말했어요. 그는 지혜와 사랑, 정의와 용기, 이런 아름다운 가치들이 깃드는 곳이 바로 우리의 영혼이라고 했습니다. 그런데 문제는 우리가 이 영혼을 돌보는 법을 잘 모른다는 거예요. 그럼 어떻게 하면 영혼을 가꿀 수 있을까요? 소크라테스는 그에 대한 답을 이렇게 이야기했어요.

"영혼을 돌보는 유일한 길은 끊임없이 배우고 성찰하는 것이다. 참된 앎을 추구할 때 우리 영혼은 날로 성장한다."

우리가 진정 추구해야 할 공부의 목적이 바로 여기에 있어요. 단순히 좋은 점수를 얻기 위해서가 아니에요. 나의 영혼을 성장시키기 위해, 더 깊이 있는 사람이 되기 위해 배워야 한다는 것이지요. 내면의 소리에 귀 기울이고, 세상을 바라보는 눈을 키우는 공부 말이에요. 그것이 바로 소크라테스가 이야기한 '영혼의 돌봄'입니다.

"너희 안에는 이미 최고의 스승이 있는데, 바로 너희 영혼의 빛깔이다. 그 빛을 믿고 따르라. 너희를 진리로 이끌 것이다."

여러분 안에 이미 답이 있다는 말, 힘이 되는 말이지요? 수많은 유혹과 걱정거리에 흔들릴지라도 자신의 영혼의 빛을 따르는 한 결코 잘못된 길로 들어서진 않을 거예요. 소크라테스는 제자들의 영혼을 굳게 믿었어요. 여러분도 스스로 그 빛을 믿어 보기를 간절히 기대합니다.

소크라테스의 삶은 영혼을 돌보는 여정이었어요. 진리를 탐구하고, 제자들과 대화하고, 때론 부조리에 맞서 싸우기도 했어요. 그러니 '소크라테스에게 있어 철학이란, 곧 영혼을 돌보는 일이었다. 그리하여 그는 진정한 자아를 찾아 한평생을 살 수 있었다.'라는 말도 있는 거 같아요.

여러분도 이런 소크라테스처럼 살아갈 수 있으면 좋겠어요. 매일 조금씩 영혼을 돌보는 습관을 기르는 거예요. 좋은 책을 읽고, 깊이 있는 대화를 나누고, 내면의 평화를 찾아가는 시간 말이에요. 처음에는 어색하고 쑥스러울 수도 있지만, 차츰 여러분도 빛나는 영혼의 색깔을 발견하게 되지 않을까요?

공부란 쉽지 않은 일이에요. 숙제에 시험에, 그리고 언젠가 여러분에게 닥칠 진학과 취업까지 온갖 스트레스가 여러분을 힘들게 할 거예요. 하지만 우리가 영혼을 돌보는 공부의 참의미를 잊지 않는다면, 그 모든 험난한 여정도 의미 있는 배움이 될 거예요. 작은 좌절에도 쓰러지지 않는 강인한 마음, 평생 배움을 즐기는 유쾌한 태도, 소크라테스는 제자들에게 그리고 우리에게 그것을 가르쳐 주었으니까요.

세상에는 여러분의 영혼을 가리는 것들이 참 많아요. 돈, 명예, 외모, 인기 등이 그것이지요. 하지만 여러분이 영혼의 소리에 귀 기울이는 한, 결코 여러분 안에 있는 빛을 잃지 않을 거예요. 여러분이 소크라테스처럼, 참된 자아를 찾아가는 영혼의 항해를 멋지게 이어 가야 할 이유입니다. ⚓

생각이 열리고 성적이 오르는 공부팁

마음 챙김 학습법
매일 아침 15분간 명상을 한 후 공부를 시작하고, 공부 중간에도 짧은 호흡 명상을 통해 집중력을 유지해 봐요. 학습의 효율성을 높이고, 평온한 마음 상태를 유지할 수 있어요.

내면 탐구 노트
자신의 감정, 생각, 가치관을 돌아보고 기록해 봐요. 공부가 단순히 지식을 습득하는 과정이 아니라, 자아 성장의 과정임을 깨닫는 기회가 될 거예요.

소크라테스의 명언으로 살펴보는 인생 교훈

내가 아는 것이라곤
내가 모른다는 사실뿐이다.

진정한 앎에 이르려면
먼저 무지를 깨달아라.
자신의 무지를 인정할 때
비로소 끝없는
탐구의 여정이 시작된다.

앎이 무엇인지 말해 보게.
자네 말이 맞으면
기꺼이 옳다고 인정하겠네.
자네 말이 틀리면 반박하도록 하지.
우리 함께 진리를 찾아가 보세.

진정한 앎은
답을 아는 것이 아니라
질문할 줄 아는 것이다.

참된 지혜는
자신의 무지를 아는 데서 시작한다.
알면 알수록 모르는 것이
더 많다는 사실을 깨닫게 된다.

진리를 좇는 일은
고된 여행길이다.
하지만 가장 값진 것이다.

진리는 우리 밖에 있는 것이 아니라
우리 안에 있다.
다만 우리가 알지 못할 뿐이니,
끊임없는 대화와 성찰을 통해
그것을 일깨워야 한다.

진정한 앎은 행동으로 드러나는
법이다. 아는 것과 행하는 것은
다르지 않으므로, 참된 앎은
곧 덕(德)이 가득한 삶으로
이어져야 한다.

지혜로운 자는 자신이 아는 대로
살아가는 법이다.
앎과 삶이 하나 될 때 비로소
참된 행복에 다가갈 수 있다.

앎의 길은 결코 평탄한 것이 아니다.
수많은 유혹과 좌절이 너희를
기다리고 있을 것이다. 하지만 진리를
향한 순수한 마음이 있는 한, 나는
언제나 너희와 함께 걸어갈 것이다.

인간에게 가장 소중한 것은 영혼이다.
그러므로 영혼을 돌보고
가꾸는 일보다 더 중요한 것은 없다.

영혼을 돌보는 유일한 길은
끊임없이 배우고
성찰하는 것이다.
참된 앎을 추구할 때
우리 영혼은 날로 성장한다.

2장

칸트

너 자신의 지성을 사용할 용기를 가져라!

1
칸트를
소개합니다!

독일의 철학자 임마누엘 칸트(Immanuel Kant, 1724~1804)는 여러분에게 조금 낯선 철학자일 거예요. 하지만 칸트는 근대 철학의 거장으로, 우리가 어떻게 공부하고 살아가야 하는지 깊이 고민하고 탐구한 대단한 철학자랍니다.

호기심 많은 소년

칸트는 1724년 4월 22일, 독일 동부의 작은 도시 쾨니히스베르크(Königsberg)에서 태어났어요. 현재 이 지역은 러시아령이 되어 칼리닌그라드(Kaliningrad)로 불리고 있어요. 칸트의 아버지는 말굽 제작 기술자였고, 어머니는 경건한 기독교 신자였어요. 칸트는 어려서부터 머리가 매우 좋았고 호기심이 많았지요.

칸트가 살던 쾨니히스베르크는 학문적으로는 비교적 자유로운 도시였어요. 칸트는 여덟 살에 '콜레기움 프리데리키아눔'이라는 교육 기관에 입학하여 라틴어, 종교, 수학 등을 공부했어요. 열여섯 살이던 1740년에는 쾨니히스베르크 대학에 입학하여 공부했지요. 부모님이 돌아가시고 가족의 생계를 책임져야 하는 상황에 처하자, 그는 가정 교사 일을 하기도 했어요. 일을 하면서 틈틈이 물리학, 지리학, 천문학, 철학 등 여러 분야를 배우는 데 힘썼어요.

학식이 넓고 인기 많은 대학 강사

칸트는 1755년부터 쾨니히스베르크 대학에서 논리학과 형이상학을 가르쳤어요. 그는 학문의 즐거움과 진리 탐구의 기쁨을 전하기 위해 노력했어요. 칸트의 강의가 명쾌하고 재치 있어서 많은 학생에게 사랑받았다는 이야기가 있는 걸 보면, 아마 칸트는 그 시대의 일타강사였을 거예요.

칸트는 철학뿐 아니라 수학, 물리학, 지리학, 인류학 등 여러 분야에 해박한 지식을 가지고 있었어요. 우주의 기원과 진화에 대한 가실을 세운 '칸트-라플라스 이론'은 오늘날에도 널리 알려져 있지요.

칸트가 남긴 주요 저서들

칸트가 평생 동안 쓴 책은 무려 60권이 넘어요. 그중 가장 유명한 것은 3대 비판서로 꼽히는 《순수 이성 비판》, 《실천 이성 비판》, 《판단력 비판》이에요.

《순수 이성 비판》은 인간이 세계를 어떻게 인식하는지, 지식을 어떻게 만들어 내는지 탐구한 책이에요. 칸트는 시공간과 인과율(因果律, 모든 일은 원인에서 발생한 결과라는 법칙) 같은 선험적 인식이 이미 우리 안에 있다고 주장했어요. 선험적 인식이란 경험하지 않아도 이미 우리가 알고 있는 것을 뜻해요. 세상을 바라보는 렌즈 같은 것이지요. 우리가 공부할 때도 이러한 선험적 인식을 활용하면 세상을 깊이 통찰하는 눈을 기를 수 있을 거예요.

《실천 이성 비판》은 우리가 어떻게 행동해야 하는가에 대한 이야기가 담겨 있어요. 칸트는 도덕 법칙이 곧 우리 안에 있는 이성의 명령이라고 강조했어요. 도덕적인 행동을 스스로 실천하는 의지야말로 인간을 존엄하게 만든다는 것이지요. 우리가 공부할 때도 내적 동기를 가지고 학습에 정직하게 임하는 자세가 중요해요.

《판단력 비판》은 예술의 아름다움이나 자연의 경이로움을 어떻게 판단하는지 탐구한 책이에요. 칸트는 상상력과 이성의 조화로운 작용을 '천재'라고 불렀어요. 정해진 규칙을 뛰어넘어 자유롭게 생각하고 창조하는 능력 말이에요. 우리도 상상력을 마음껏 발휘하면서 공부한다면, 공부가 즐겁고 신날 수 있을 거예요.

칸트가 1784년에 발표한 논문 《계몽이란 무엇인가》에서는 '계몽'을 '미성년의 상태에서 벗어나는 것'이라고 정의했어요. 즉, 다른 사람의 지도에 의존하지 않고 스스로 생각하는 용기를 가질 때 비로소 사람은 성숙한 인간이 된다는 거예요. 스스로 물음을 던지고 끊임없이 배우려는 자세야말로 계몽의 정신이라고 볼 수 있지요.

다양한 사람과 식탁에서 즐긴 대화의 장

칸트는 다양한 분야의 사람들과 어울려 대화를 나누는 것을 무척 좋아했어요. 그는 여든 살이 되자 아예 요리사를 고용하고, 매일 점심시간마다 여러 사람을 집으로 초대하여 다양한

〈칸트와 식탁에 앉은 친구들〉 칸트가 친구들과 식탁에 둘러앉아 대화를 나누는 모습을 그린 작품(에밀 도에르스틀링, 1892)

주제로 대화를 나눴지요. 그의 집 식탁에서 함께 대화를 나눈 사람들은 친한 친구뿐만 아니라 학자, 상인, 가정주부 등 다양했답니다.

점심시간마다 벌어진 작은 식탁 모임이 끝나면, 그는 집 주변을 산책하며 건강까지 챙겼어요. 칸트는 이러한 활동이 생각을 정리하고 좋은 생각을 떠올리는 데 큰 도움이 된다고 여겼답니다.

규칙적인 생활 습관과 철저한 자기 관리

칸트는 1804년 2월 12일, 일흔아홉의 나이로 세상을 떠났어요. 평생을 학문에 전념했던 칸트는 소박하고 규칙적인 삶을 살았어요. 매일 정해진 시간에 일어나 산책을 하고 규칙적으로 글을 쓰며 명상하는 게 일상이었지요. 우리도 칸트처럼 자기 관리와 시간 활용을 철저히 하는 공부 습관을 기른다면 큰 성과를 이룰 수 있을 거예요.

우리가 만날 칸트는 우리에게 공부란 단순한 암기가 아니라 깊이 있는 사유와 통찰의 과정이어야 함을 가르쳐 줍니다. 스스로 질문하고, 비판적으로 생각하고, 상상력을 발휘하는 공부야말로 진정한 의미의 배움이라고 강조했지요. 칸트의 가르침을 따라 우리도 호기심과 열정으로 가득 찬 멋진 학습자가 되어 보면 어떨까요. 자, 이제 칸트가 우리에게 들려주는 응원의 메시지를 가슴에 새기고 멋진 학습의 여정을 떠나 봅시다. ☄

"너 자신의 지성을 사용할 용기를 가져라!"

2
시간과 공간을 구분하라
· · · ·
선험적 인식론을 바탕으로 한 학습 환경 만들기

공부가 재미없고 지루한가요? 시험 기간만 되면 불안하고 막막한가요? 언제, 어디서 공부해야 할지 걱정되나요? 칸트는 시간과 공간에 대해 깊이 고민한 분이에요. 그는 우리가 태어날 때부터 이미 시간과 공간을 인식할 수 있는 능력을 지니고 있다고 말했어요. 이걸 '선험적 인식'이라고 불러요.

선험적이란 경험하기 전부터 이미 우리가 알고 있다는 거예요. 선험적이라는 단어가 너무 어렵나요? 그냥 '우리가 세상을 이해하는 방식에 대한 칸트의 생각'이라고 여기면 좋겠어요. 칸트는 우리 머릿속에 이미 있는 '도구'들이 세상을 보는 방식에 영향을 준다고 했어요. 예를 들면 우리는 모든 걸 시간과 공간 안에서 생각하는데, 이렇게 시간과 공간이라는 일종의 도구는 우리가 태어날 때부터 가지고 있다는 거예요.

여전히 선험적 인식론이라는 단어가 불편하다면 '세상을 보는 안경 이론' 정도라고 생각하면 편할 것 같아요. 우리는 태어날 때부터 특별한 안경을 쓰고 있는데, 이 안경은 우리가 세상을 어떻게 보고 이해하는지를 결정하지요.

《순수 이성 비판》에서 칸트는 선험적 인식론을 이렇게 설명해요.

> **"시간은 선험적인 직관의 내적 형식이다.**
> **공간은 선험적인 직관의 외적 형식이다."**

무슨 말인지 모르겠다고요? 편하게 생각해 봐요. 선험적 인식은 세상을 보는 안경이라고 했지요? 여러분은 시계를 배우기 전부터 시간의 흐름을 알고 있어요. 아침, 점심, 저녁이 있고 지난 일, 현재, 미래가 있다는 걸 직관적으로 알고 있지요. 즉 시간은 우리가 경험해서 아는 것이 아니라 이미 알고 있는, '머릿속에서 일어나는(내적)' 형식이라는 뜻이에요. 공간도 마찬가지예요. 책상 위, 교실 안, 운동장 너머처럼 '눈에 보이는(외적)' 공간에 대한 것도 우리가 직관적으로 알고 있다는 뜻이에요.

그런데 문제는 우리가 이런 시공간 감각을 공부에 잘 활용하지 못한다는 거예요. 한마디로 '안경'을 잘못 선택했거나, 잘못 쓰고 있는 것이지요. 이제부터는 시간과 공간을 조화롭게 사용하는 것, 안경을 잘 쓰는 방법에 대해 알아보도록 해요.

"시간은 연속될 뿐만 아니라 지속적이다."

이 말은 칸트가 '시간이 많다'고 얘기하는 게 아니에요. 오히려 시간이 지나가는 것에 대해 고민했던 거예요. 시간은 끊임없이 흐르고, 한번 지나간 시간은 되돌릴 수 없다는 뜻이지요. 그러니 하루 24시간을 계획적으로 쓰는 습관을 길러 봐요. 시간 관리는 공부뿐만 아니라 평상시에도 정말 중요하니까요.

아침에 일어나면 우선 오늘의 할 일을 쭉 써 봐요. 학교 가는 시간, 수업 듣는 시간, 점심시간, 학원 가는 시간, 집에 돌아와 숙제하고 복습하는 시간 등을 적어 봐요. 학습과 관련된 활동에는 구체적인 목표도 함께 적으면 좋지요. 예를 들어 아침에는 영어 단어 10개 외우기, 점심시간 후에는 수학 문제집 1장 풀기, 저녁에는 사회 교과서 3쪽 읽고 노트 정리하기 같은 식으로요.

목표를 정했으면 실행에 옮겨야겠지요? 정해진 시간에 해야 할 일을 하는 것이 처음에는 힘들 수 있어요. 그럴 땐 칸트의 말을 떠올려요.

"시간을 효율적으로 쓰는 습관,
이것이 곧 네 인생의 주인이 되는 길이다!"

이렇게 시간을 통제하는 힘을 기르다 보면 성적 향상에도 도움이 되고, 성취감도 높아질 거예요.

시간만큼 공간도 중요해요. 칸트가 말했듯이, 공간은 우리가 세상을 바라보는 기본 틀이에요. 공부도 마찬가지예요. 여러분에게 가장 편안하고 집중이 잘되는 공간이 있나요? 혹시 책상이 너무 지저분하진 않은가요? 공부와 상관없는 만화책이나 스마트폰 등은 잠시 치우고 책상을 깨끗이 정리해 봐요. 책상 위에는 필기구, 교과서, 노트 등 공부에 꼭 필요한 것만 올려 두는 거예요.

칸트는 이런 말도 했어요.

"공간 없는 시간도, 시간 없는 공간도 있을 수 없다."

시간과 공간은 함께 있어요. 이걸 공부에 적용하면 어떨까요? 예를 들어 기말고사가 2주 앞으로 다가왔다고 상상해 봐요. 게다가 시험 범위가 너무 넓다면? 덜컥 겁부터 나는 마음, 이해해요. 하지만 너무 겁먹지 말아요. 지금부터 시간과 공간을 잘 엮어서 공부 계획을 세우면 큰 도움이 될 테니까요.

먼저 큰 일력을 준비해요. 그리고 시험 당일부터 거꾸로 2주를 세어 13일, 12일, 11일…… 이렇게 적어 봐요. 그리고 13일 안에는 국어 문법 3단원 마무리, 12일 안에는 수학 확률과 통계 부분 개념 정리, 이런 식으로 날짜별 목표를 빼곡히 적는 거예요. 그다음에는 이 목표를 달성하기 위해 하루에 몇 페이지, 몇 시간씩 공부할지 자세한 계획을 세워 봐요. 시험까지 남은 시간을 체계적으로 쪼개고, 그에 맞춰 공부할 양과 난이도를 조절하는 거예요.

이 작업이 끝났다면 계획한 대로 책상에 앉아 실천합니다. 어려운 문제집은 머리가 맑은 아침에, 외우기는 저녁 늦게, 이런 식으로 공부 시간대도 잘 배분하면 좋겠지요? 교과서나 참고서에 나만의 공간을 만드는 것도 잊지 말아요. 중요한 개념은 형광펜으로 칠하고, 문제집 여백에는 풀이 과정을 적는 거예요.

이렇게 시간과 공간을 자세하게 엮는 것, 이것이 바로 칸트식 공부법입니다. 선험적 인식론, 아니 공부를 잘하는 안경을 썼으니 2주 후 여러분은 자신감 넘치는 얼굴로 시험일을 맞이

할 수 있을 거예요.

공부를 하다 보면 지치고 스트레스를 받는 날도 있을 거예요. 그러나 포기하지 말아요. 칸트는 이런 말도 남겼답니다.

"계몽이란 자신의 미성숙함에서 벗어나는 것이다."

힘들어도 계획했던 것을 실천하며 한 걸음 한 걸음 나아가다 보면 어느새 여러분은 지식과 지혜를 겸비한 멋진 자신을 발견하게 될 거예요. ❣

생각이 열리고 성적이 오르는 공부팁

시간 블록 학습법

하루를 30분 단위로 나누어 과목별 학습 시간을 정하고, 각 블록마다 구체적인 학습 목표를 설정해요. 예를 들면 오전 8:00~8:30 영어 단어 20개 암기, 8:30~9:00 수학 일차방정식 복습 등으로 계획을 세우는 거예요. 시간을 블록으로 나눠서 계획을 세우면 집중도가 높아져 효율적인 학습을 할 수 있어요.

3
자율성과 의무를 다하라

정언명령에서 배우는 자기 주도 학습법

칸트는 윤리학 분야에서 혁명을 일으킨 철학자예요. 윤리학이란 인간 행위의 규범에 대해 연구하는 학문으로 도덕의 본질과 발달, 선악의 기준 등을 다루지요. 칸트는 우리가 자율적이고 이성적인 존재라는 걸 강조했어요. 도덕적으로 살아가려면 스스로 생각하고 행동해야 한다고 말했지요. 이런 칸트의 사상은 공부에도 그대로 적용할 수 있어요. 칸트는 《실천 이성 비판》에서 이런 말을 했어요.

"자율은 의지의 특성이다. 의지는 그 자신에게 법칙이 되는 것이다."

조금 어렵죠? 쉽게 말하면 여러분은 누구나 자기 스스로 규칙을 정하고 실천하는 힘을 가지고 있다는 거예요. 부모님이나 선생님이 시켜서 하는 게 아니라, 내 안에 있는 도덕률에 따라 행동하는 게 진정한 자유라는 뜻입니다. 칸트는 이것을 '정언 명령'이라고 했어요. 이런, 낯선 용어가 또 나왔네요.

이번에도 편하게 생각해요. 우리가 알아야 할 건 생각보다 단순하니까요. 정언명령은 행위에 따른 결과에 상관없이 선(善 착할 선)이기 때문에 무조건 수행하는 '올바른 행동 규칙'이라고 이해하면 돼요. 예를 들면 모든 사람에게 공평한 규칙, 내 친구를 소중히 여기는 규칙, 남이 시켜서가 아니라 스스로 옳다고 생각해서 지키는 '스스로 만든 좋은 규칙' 등이에요.

이 규칙을 공부법에 적용하면 어떨까요? 스스로 학습 계획을 세우고, 그 계획에 맞춰 성실히 공부하는 거예요. 부모님이나 선생님이 시켜서 하는 게 아니므로, 처음엔 좀 껄끄럽고 어색할 수 있어요. 하지만 칸트는 우리가 자율성을 발휘할 때 진정한 성취감과 보람을 느낄 수 있다고 말했어요. 남이 시켜서가 아니라 내가 주도하니까요!

학습 계획을 세울 때는 제일 먼저 구체적인 공부 목표를 생각해야 해요. 장기적으로 꿈꾸는 이상적인 모습, 그리고 단기적으로 이번 달, 이번 주에 이루고 싶은 목표를 생각하는 거예요. 꿈을 이루기 위해 무엇을 배워야 할지, 성적을 올리려면 어떤 과목에 집중해야 하는지 스스로 고민하고 결정해 봐요. 그 다음엔 목표에 맞는 공부 계획을 세워요. 스스로 계획을 세우고 실천하다 보면 어느새 내가 공부의 주인이 된 느낌이 들 거예요.

계획을 짰으면 지켜야겠지요? 정언명령! 우리는 스스로 올바른 행동 규칙을 만들었으니까요. 칸트는 이런 말도 남겼어요.

"너는 할 수 있다.

왜냐하면 너는 해야만 하기 때문이다."

무서운 말 같지만, 맞는 말이에요. 공부가 힘들어도, 유혹이 많아도 계획한 것은 끝까지 해내야 해요. 책임감 있게 자기와의 약속도 잘 지키도록 해요.

물론 계획대로 안 될 때도 있어요. 시험을 망쳤다거나, 문제집을 다 풀지 못했다거나 친구와 놀았다거나! 하지만 괜찮아요. 그럴 땐 자신을 너무 질책하지 말아요. 반성은 하되 실망하진 말아야 합니다. 칸트도 이런 말을 했거든요.

"실수로부터 배우되, 실수에 빠지지 말라."

살다 보면 일이 잘 안 풀릴 때가 있어요. 공부도 마찬가지예요. 그럴 땐 틀린 문제, 집중이 안 됐던 이유 등을 곰곰이 되돌아보고 다음에는 어떻게 해야 할지 생각해 봐요. 칸트가 '너 자신의 지성을 사용할 용기를 가져라!'라고 말했듯이, 공부에 주눅 들지 말고 자신의 힘을 믿고 당당하게 나아가야 해요.

이제 여러분은 진정한 자율성이 무엇인지 배웠어요. 칸트의 가르침을 따라 자신만의 공부 원칙을 세우고, 그 원칙에 따라 스스로 학습하는 멋진 학생이 되어 보아요. 의무를 다하되 그 의무가 즐거운 학생, 자유를 누리되 그 자유로 책임을 다하는 학생으로 거듭나 봅시다! 😈

생각이 열리고 성적이 오르는 공부팁

3시간 의무 학습제
의무감을 강조하여 꾸준한 학습을 이끄는 학습법이에요. 스스로 매일 최소 3시간은 반드시 공부한다는 원칙을 세우고 이를 지키는 것이지요. 컨디션이 좋지 않거나 바쁜 날에도 이 원칙을 지키는 거예요. 이러한 의무감은 학습의 연속성을 유지하는 원동력이 될 거예요.

주간 학습 성찰 일지
학습에도 성찰이 필요하다? 맞습니다. 자기반성과 개선의 습관화를 위해 주간 학습 성찰 일지를 작성해 봐요. 매주 일요일에 지난 일주일간의 학습 내용을 돌아보며 잘한 점과 부족했던 점, 고칠 점을 정리하면서 자신의 학습 방식을 객관적으로 평가하고 개선해 나가 봐요.

4

비판적 사고를 게을리 말라

· · ·

칸트의 3대 비판서에서 배우는 질문하는 공부법

칸트는 세상을 바라보는 혁명적인 방법을 제시한 철학자예요. 특히 그의 책《순수 이성 비판》에는 우리가 어떻게 생각하고 공부해야 하는지에 대한 놀라운 통찰이 담겨 있어요. 다음의 메시지를 살펴볼까요?

> **"우리 인식의 한계를 분명히 하는 것,**
>
> **그것은 곧 무지를 깨닫는 것과 같다."**

무지를 깨닫는 것! 칸트의 이 말은 소크라테스의 명언과도 닮아 있어요. 우리가 세상을 알아가는 데는 한계가 있습니다. 사람은 아는 것보다 모르는 게 더 많지요. 따라서 겸손한 자세

로 세상을 배워 나가는 것이야말로 진정한 지혜의 시작이라고
볼 수 있습니다.

이걸 공부에 적용해 볼까요? 어려운 문제를 마주했을 때 쉽
게 포기하지 말아요. 모르는 게 당연하다고 생각하고, 호기심
을 가지고 접근해 봐요. 내가 이해한 게 맞는지, 혹시 다른 방
법은 없는지 끊임없이 스스로에게 물어보는 것이지요.

'왜 이런 답이 나오지?', '증명 과정이 궁금한데?', '책에 나
온 방법 말고 다른 풀이는 뭐가 있을까?' 등 다양한 의문을 품
어 봐요. 선생님께 바로 질문하는 것도 괜찮지만, 그 전에 혼자
서 곰곰이 생각하는 시간을 가져 봐요. '답을 찾는 과정' 자체가
매우 소중한 공부니까요. 칸트의 말처럼 이성에는 한계가 있지
만, 그만큼 무한한 가능성도 있어요. 스스로 문제를 파고들 때
진짜 성장이 이뤄집니다.

《실천 이성 비판》에도 중요한 메시지가 있어요.

> **"행위의 도덕적 가치는 그 행위로부터 생기는 결과에 있는 것이 아니라,**
> **그 행위를 낳는 의지의 원리에 달려 있다."**

칸트는 '옳고 그른 행동의 기준'은 결과가 아니라 '동기'라고
강조해요. 어떤 마음가짐으로 행동하느냐가 중요하다는 뜻이

지요. 이를 공부에 적용해 볼까요?

성적을 높이고 싶어서, 부모님의 칭찬을 받고 싶어서 등 이러한 외적 동기로 공부하면 만족감이 금방 사라져요. 진정한 동기는 우리 마음속 깊은 그곳, '내면'에서 나와야 해요. 새로운 지식에 대한 열정, 미래에 대한 꿈과 희망 같은 것들 말이에요. 내가 공부하는 이유를 자신에게 끊임없이 물어봐요. '내가 수학을 배우는 까닭은 뭘까?', '영어 실력을 길러서 어떤 멋진 일을 하고 싶은 걸까?'

여러분은 흔히 공부를 '점수 딴다.', '성적을 높인다.'와 같은 결과로만 평가하곤 해요. 하지만 결과보다 더 중요한 건 과정이에요. 얼마나 몰입하고 집중했는지, 어려운 내용도 포기하지 않고 파고들었는지, 다양한 질문을 던지며 호기심을 발휘했는지 등을 통해 여러분은 성장하는 거예요. 칸트의 가르침처럼 결과에 매달리지 말고, 배움 그 자체를 즐기는 멋진 공부법을 실천하면 어떨까요?

마지막으로《판단력 비판》에도 공부에 적용할 만한 좋은 말이 있어요.

"상상력은 우리의 인식 능력 중에서

가장 자유롭고 규칙에서 벗어날 수 있는 능력이다."

칸트는 상상력의 위대함을 높이 평가했어요. 주어진 규칙이나 틀에 갇히지 않고, 자유롭게 생각하는 힘이 바로 상상력이지요. 공부에도 상상력을 마음껏 발휘하는 것이 좋아요.

교과서에 나온 지식을 그대로 받아들이지 말고, 거기서 한 걸음 더 나아가는 거예요. 역사 시간에는 내가 그 시대 사람이라면 어떤 선택을 했을지 상상해 보고, 문학 작품을 읽을 땐 등장인물이 되어 그들의 심리를 헤아려 봐요. 과학 법칙을 배울 때는 그 법칙을 응용하면 무엇을 만들 수 있을지 창의력을 발휘해 보는 것이지요.

상상력은 무에서 유를 창조하는 힘이에요. 주어진 현실에 안주하지 않고 새로운 가능성을 끊임없이 탐구하게 만들지요. 칸트는 상상력에 대해 이렇게도 말했어요.

"천재성의 본질적인 부분은 상상력이다."

여러분도 상상력이 풍부한 사람이 되어 봐요. 수업 시간에, 책을 읽을 때, 문제를 풀 때 등 늘 상상력의 날개를 활짝 펴고 자유롭게 비상해 봐요.

우리는 지금까지 칸트의 3대 비판서를 통해 다음과 같은 공부법을 배웠어요. 첫째는 모르는 걸 인정하고 질문을 즐기는 자세, 둘째는 외적 결과보다 내적 동기에 집중하는 마음가짐, 셋째는 틀에 박힌 사고에서 벗어나 상상력을 발휘하는 태도, 이 세 가지를 매일 실천해 봐요. 분명 여러분의 공부가 더 깊이 있고 창의적으로 변할 거예요.

오늘 하루, 여러분은 얼마나 많은 질문을 했나요? 좋아하는 과목을 공부할 때 가슴이 뛰었나요? 눈에 보이는 것 너머를 상상하며 즐거워했나요? 공부가 재미없다고 느껴진다면, 바로 그때가 칸트 스타일 공부가 필요한 순간이에요. 의문을 품고, 마음을 다해 몰입하고, 자유롭게 상상하세요. 그러한 활동이 모여 마침내 위대한 진리를 밝히는 등불이 되길 응원할게요. 🐱

생각이 열리고 성적이 오르는 공부팁

비판적 독서 요약법

교과서나 참고서를 읽을 때 단순히 내용을 요약하는 것이 아니라, 각 문단이나 장의 끝에 '다른 관점에서는 어떻게 해석할 수 있을까?'와 같은 비판적 질문을 스스로 해 봐요. 텍스트를 더 깊이 이해하고 다양한 각도에서 분석하는 능력을 기를 수 있을 거예요.

문제 해결 접근의 다각화

하나의 문제를 풀 때 최소 두 가지 이상의 다른 방법으로 접근해요. 예를 들어 연립방정식을 풀 때 대입법과 가감법 등 여러 방법으로 풀어 보는 거예요. 이를 통해 문제에 대한 깊이 있는 이해와 창의적 문제 해결 능력을 기를 수 있어요.

5W1H 개념 질문 노트

새로운 개념을 배울 때마다 Who(누가), What(무엇을), When(언제), Where(어디서), Why(왜), How(어떻게)의 관점에서 질문을 만들어 정리하는 공부법이에요. 예를 들어 뉴턴의 운동 법칙을 배울 때 '누가 이 법칙을 발견했나?', '왜 이 법칙이 중요할까?', '어떻게 이 법칙을 실생활에 적용할 수 있을까?' 등의 질문을 만들고 답을 적어 봅니다.

5

감히 알려고 하라

계몽의 개념에서 배우는 지식 탐구 방법

공부를 하다 보면 두렵고 막막한 느낌이 들 때가 있어요. 수많은 지식과 정보 앞에서 여러분은 마치 깜깜한 밤하늘 아래 홀로 서 있는 것 같은 기분이 드는 것이지요. 길을 잃은 것 같고, 어디로 가야 할지 몰라 답답합니다. 하지만 그럴 때 너무 걱정하지 말아요. 칸트가 우리에게 지식의 밝은 빛을 비춰 줄 테니까요. 바로 '계몽'의 빛입니다.

칸트는 《계몽이란 무엇인가》에서 이렇게 말했어요.

"계몽이란 인간이 미성년 상태에서 벗어나 스스로를 책임질 수 있는 상태에 이르렀을 때 자신의 이성을 사용하는 것이다. 그러므로 '감히 알려고 하라!'는 말은 계몽의 표어이다."

칸트는 우리가 누군가에게 의지하지 않고 스스로 생각하고 판단하는 용기를 가질 때 비로소 진정한 지식을 얻을 수 있다고 말했어요. 그러면서 '감히 알려고 하라!'는 멋진 말을 남겼어요. '감히'라는 말에 담긴 도전 정신이 우리의 마음을 움직이는 것 같아서 한편으로는 설레기도 합니다.

혹시 공부할 때 누군가가 가르쳐 주기만을 기다리진 않나요? 교과서나 선생님의 말씀을 그대로 받아들이기만 하고, 의문을 품거나 직접 탐구하려 들지는 않나요? 칸트가 이러한 우리의 모습을 본다면 '미성년'에서 벗어나 '성년'이 되어야 한다고 강조할 거예요. 다른 사람의 지도나 가르침에 의지하던 '어린아이'에서 스스로 깨우치는 '어른'으로 성장하라는 의미지요.

그럼 어린아이에서 벗어나려면 구체적으로 무엇을 어떻게 해야 할까요? 가장 먼저 해야 할 일은 질문하는 거예요. '태풍은 왜 생기는 걸까?', '전류의 개념은 뭘까?', '국어 시간에 배운 담화와 맥락의 특징을 잘 활용하면 엄마 아빠랑 대화가 더 잘 통하겠지?' 등 호기심에서 출발한 질문은 우리를 지식의 세계로 이끄는 나침반이 될 거예요.

두 번째로 중요한 건 비판적 사고예요. 책에서 읽은 내용, 선생님께 들은 말씀을 곧이곧대로 받아들이지 말고 의심해 보는 거예요. '정말 그럴까? 반대로 생각하면 어떨까?', '이 주장의 근거는 충분한가?' 이런 식으로 따져 보는 습관을 들이면 어떤 정보에도 휘둘리지 않는 지적 독립심을 기를 수 있어요.

세 번째는 토론하는 자세예요. 친구들과 선생님께 내 의견을 말하고, 그들의 생각도 귀담아듣는 거예요. 토론을 자주 하다 보면 서로 다른 관점을 나누어 문제를 다양한 각도에서 바라볼 수 있는 안목이 생겨요. 다른 사람과 소통하면 더 깊고 넓은 지혜를 얻을 수 있지요. 토론을 즐기던 칸트도 다음과 같이 말했어요.

> **"계몽은 혼자만의 노력으로 이루어질 수 없다.**
> **사람들이 함께 노력할 때만 가능하다."**

네 번째는 책임감을 지니고 행동하는 자세예요. 내가 공부하는 이유, 앞으로의 꿈과 목표를 되새기면서 능동적으로 학습에 임하는 거예요. 시험 점수나 상장을 위해서가 아니라 나 자신을 위해, 더 나은 세상을 위해 공부하는 마음가짐 말이에요. 이렇게 할 때 우리는 칸트가 말한 계몽 스타일의 공부법에 한 걸음 다가서는 것이랍니다.

칸트는 우리가 '자기 입법적'이 되어야 한다고 강조했어요. 입법(立法)은 '법을 만들다.'라는 뜻이지요. 남이 정해준 규칙을 따르는 것이 아니라 스스로 원칙을 세우고 실천하라는 뜻이에요. 공부도 마찬가지예요. 부모님이나 선생님의 잔소리에 떠밀려 하는 게 아니라, 내 안에서 우러나오는 열정과 의지로 해 나가는 거예요. 자발적인 동기야말로 힘든 고비를 넘기는 원동력이 된답니다.

물론 계몽이 쉽게 이루어지는 건 아니에요. 앎의 길은 평탄하지만은 않거든요. 칸트도 이렇게 말했어요.

**"계몽은 개인적으로도, 사회적으로도
많은 장애와 어려움을 겪기 마련이다.
그것은 편안하고 안락한 길이 아니기 때문이다."**

하지만 우리에겐 알고 싶어 하는 열망, 스스로 사고하는 용기, 진리를 좇는 의지가 있잖아요? 바로 그게 계몽을 이루는 밑거름이 된답니다. 칸트는 이렇게도 말했어요.

**"한 사회가 계몽되기 위해서는 오직 자유만 있으면 된다.
그것도 가장 해롭지 않은 자유, 즉 모든 일에 있어
공개적으로 자신의 이성을 사용하는 자유만 있으면 된다."**

지금 바로 여러분의 자유를 마음껏 누려 봐요. 당당히 생각하고, 거침없이 질문하고, 멋지게 토론하는 자유 말이에요! 공부는 결코 주입식으로 받아들이는 것이 아니에요. 스스로 찾고, 깨우치고, 깊이 사색하는 과정이지요. 여러분이 칸트의 계몽 정신으로 무장하고, 앎에 대한 열정으로 가득 차기를 기대합니다. 칸트의 말대로 '감히 알려고' 해 봐요! 😈

생각이 열리고 성적이 오르는 공부팁

주간 교과 연계 독서

매주 학교에서 배운 내용과 관련된 비교과 도서를 한 권씩 읽어 봐요. 예를 들어 경제 단원을 배울 때는 경제학 관련 교양서를, 세계사를 배울 때는 관련 역사 소설을 읽는 거예요. 이를 통해 교과 내용에 대한 이해를 넓히고, 통찰력을 키울 수 있어요. 관련된 도서를 찾는 게 어렵다면 선생님께 물어보는 것도 좋은 방법이랍니다.

6
영구 평화를 꿈꾸며

평화 사상을 바탕으로 한
지속 가능한 학습 동기 부여법

공부하느라고 바쁘겠지만, 뉴스에서 들려오는 세상 이야기에 틈틈이 귀 기울여 봐요. 요즘 세상이 너무 혼란스럽지 않나요? 전쟁, 질병, 가난, 폭력, 따돌림, 차별 등의 소식을 접할 때마다 마음이 무겁고 불안해지기도 할 거예요.

우리가 열심히 공부한다고 해서 이런 문제들이 다 해결될 수 있을까요? 공부는 그저 좋은 대학에 가고, 좋은 직장을 얻기 위한 수단일 뿐일까요?

이런 고민이 들 때는 칸트의 메시지를 확인해 봐요. 바로 '영구 평화'를 향한 그의 비전이에요. 영구 평화란 국가 간에 전쟁이 발생할 가능성이 전혀 없는 상태를 뜻해요. 칸트는 1795년에 쓴 《영구 평화론》에서 국가 간의 전쟁을 완전히 끝내고 세계 평화를 이루는 방법을 제시했어요. 그는 인간이 이성적 존재라는 점에서 평화가 가능하다고 믿었지요.

칸트가 살던 시대의 독일은 지금의 러시아-우크라이나 전쟁처럼 주변 나라들과 끊임없는 분쟁을 겪었어요. 칸트는 평생 고향을 떠난 적이 없지만, 평화에 대한 갈망은 누구보다 간절했어요. 전쟁이 인간의 존엄성을 훼손하고 이성을 마비시킨다는 걸 절실히 느꼈기 때문이지요. 그래서일까요? 칸트는 영구 평화에 대한 고민을 많이 했답니다. 그가 생각한 영구 평화의 조건은 다음과 같아요.

① **민주 공화정의 실현** : 나랏일은 한 사람이 결정하지 않고, 국민의 대표들이 논의를 거쳐 신중하게 판단해야 한다.

② **국제 기구 조직** : 개별 국가의 이익을 넘어 인류 공동의 평화를 추구하는 기구를 만든다.

③ **세계 시민법 확립** : 모든 인간은 국적과 상관없이 모두 존중받고 평등하게 대우받을 권리가 있다.

칸트의 이러한 생각은 발표된 지 200년도 더 지난 오늘날에도 우리에게 많은 깨달음을 줍니다. 그런데 이 평화 사상을 우리 개개인의 공부에도 적용해 볼 수 있을까요? 말도 안 된다고요? 칸트의 말을 들어 봐요.

"생각하는 걸 배우기만 한다면
우리는 결코 생각할 필요가 없다."

자, 그럼 공부법에 적용해 볼까요? 공부도 일종의 전쟁 같아요. 시험, 성적, 입시 등 치열한 경쟁 속에서 여러분은 내 편네 편을 가르고 스트레스에 시달리지요. 마음의 평화를 잃어버린 채 공부하는 친구들이 많아요. 하지만 칸트의 영구 평화론은 우리에게 공부에 대한 새로운 자세를 알려 줍니다. 어떻게 하면 평화로운 마음으로 지속 가능한 학습을 해 나갈 수 있을까요?

첫째, 학습의 주도권은 나에게 있다는 걸 명심해요. 부모님이나 선생님의 기대, 친구들과의 경쟁에 휘둘리지 말고 내가 주도하는 공부를 하라는 거예요. 내 삶의 주인이 되어 능동적으로 공부 계획을 세워 봐요. 그러면 공부가 전쟁이 아닌, 나의 잠재력을 최대한 발휘하여 내 꿈을 이뤄 나가는 자아실현의 과정이 될 거예요.

둘째, 협력 학습의 힘을 믿어 봐요. 유엔이 세계 평화를 위해 노력하듯, 친구들과 함께 공부하는 시너지를 발휘하라는 거예요. 어려운 문제는 서로 알려 주고, 토론하며 더 깊이 이해해 봐요. 고민이 있을 땐 선생님께 도움도 청하고요. 함께 공부할 때 여러분은 더 큰 용기와 희망을 얻을 수 있답니다.

셋째, 지식의 평등을 실천해 봐요. 세계 시민법처럼 학문에도 차별이 없어야 해요. 이과, 문과, 수학, 영어 구분 짓지 말고 다양한 분야에 골고루 관심을 가져 보는 겁니다. 새로운 것을 배울 때 두려워하지 말고 도전하는 자세로 임해 봐요. 배움에 대한 모두의 권리를 존중하는 태도, 정말 멋지지 않나요?

마지막으로 가장 중요한 건, 공부의 목적을 잊지 않는 거예요. 칸트는 영구 평화의 궁극적 이유가 인간의 존엄성을 지키기 위함이라고 했어요. 우리가 공부하는 이유도 행복한 삶, 더 나은 세상을 만들기 위해서 아닐까요? 성적과 등수에 매달리기보다 진정 내가 원하는 가치가 무엇인지 돌아보도록 해요. 꿈과 희망, 사랑과 나눔의 마음으로 공부할 때 여러분은 지속 가능한 원동력을 얻을 거예요.

지금은 조금 힘들겠지만, 학창 시절을 포기하지 않고 잘 보내고 나면 반드시 찬란한 평화가 여러분을 기다리고 있을 거예요. 우리가 배운 지식과 지혜로 세상을 더 멋지고 정의로운 곳으로 만들 수 있다고 믿어요. 그러니 오늘도 책상에 앉을 때 평화로운 미소를 잊지 말아요. 여러분 한 명 한 명이 바로 미래의 평화를 이끌어 갈 주인공이니까요.

영구 평화를 꿈꿨던 칸트처럼 우리도 평화로운 공부를 향해 힘차게 나아가 봐요. 학습의 주권을 잡고, 협력하고, 앎의 평등을 이루어 내는 여러분이 되길 바랄게요. 무엇보다 세상에 사랑을 나누고픈 아름다운 마음으로 공부하는 여러분이 되기를 바랍니다. 🐰

생각이 열리고 성적이 오르는 공부팁

평화로운 학습 공동체

경쟁이 아닌 상호 협력을 목표로, 같은 꿈을 가진 친구들과 함께 공부하는 모임을 만들어 봐요. 이런 모임에서는 서로의 강점을 살려 부족한 부분을 보완하고, 정기적으로 학습 경험과 팁을 공유해야 해요. 학습 효율을 높이면서도 정서적 안정을 얻을 수 있을 거예요.

균형 잡힌 학습-휴식 시스템

50분 집중 학습 후 10분 휴식을 취합니다. 휴식 시간에는 명상이나 가벼운 스트레칭을 통해 마음의 평화를 유지하고요. 또한 일주일에 하루 또는 반나절을 온전히 쉬는 시간으로 정해 심신의 균형을 잡습니다. 이러한 방식으로 학업 스트레스를 줄이면 지속적인 학습을 이어 갈 수 있답니다.

칸트의 명언으로 살펴보는 인생 교훈

너 자신의 지성을
사용할 용기를 가져라!

시간을 효율적으로 쓰는 습관,
이것이 곧 네 인생의 주인이
되는 길이다!

자율은 의지의 특성이다.
의지는 그 자신에게
법칙이 되는 것이다.

너는 할 수 있다.
왜냐하면 너는
해야만 하기 때문이다.

실수로부터 배우되,
실수에 빠지지 말라.

우리 인식의 한계를
분명히 하는 것,
그것은 곧 무지를 깨닫는 것과 같다.

행위의 도덕적 가치는
그 행위로부터 생기는 결과에
있는 것이 아니라, 그 행위를 낳는
의지의 원리에 달려 있다.

상상력은 우리의 인식 능력 중에서
가장 자유롭고 규칙에서
벗어날 수 있는 능력이다.

천재성의 본질적인 부분은
상상력이다.

계몽이란 인간이
미성년 상태에서 벗어나
스스로를 책임질 수 있는 상태에
이르렀을 때
자신의 이성을 사용하는 것이다.

계몽은 혼자만의 노력으로
이루어질 수 없다.
사람들이 함께 노력할 때만
가능하다.

생각하는 걸 배우기만 한다면
우리는 결코
생각할 필요가 없다.

3장

베이컨

아는 것이 힘!

1
베이컨을
소개합니다!

이번에는 프랜시스 베이컨(Francis Bacon, 1561~1626)이라는 멋진 선생님을 소개하려고 해요. 이름이 낯설지요? 하지만 베이컨에 대해 알면 알수록 정말 대단한 분이라는 걸 깨달을 수 있을 겁니다.

중세 교육 과정에 의문을 품은 청년

프랜시스 베이컨은 영국에서 태어났어요. 아버지가 엘리자베스 여왕의 대신(大臣), 요즘으로 말하면 고위 공직자였던 덕분에 어릴 때부터 좋은 교육을 받았어요. 열두 살의 어린 나이에

케임브리지 대학교에 입학하여 철학, 과학 등을 배웠지요.

대학을 졸업한 베이컨은 스무 살부터 정치인의 길을 걸었어요. 하지만 그에겐 정치보다 더 큰 꿈이 있었지요. 바로 학문에 대한 열망 그리고 혁신에 대한 의지였어요. 당시 유럽에서는 중세의 오래된 지식이 틀에 박힌 채 맴돌고 있었거든요. 베이컨은 이런 낡은 지식에 의문을 품기 시작했어요. '우리가 믿고 있는 이 지식들, 과연 다 옳은 걸까?' 하고 말이에요.

경험과 실험이 중요해!

베이컨은 기존의 지식을 무너뜨리고 새로운 학문의 기준을 세우고 싶었어요. 그래서 아주 대담한 도전을 시작합니다. 경험과 실험을 통해 지식을 쌓아 가는 새로운 생각의 전환! 바로 귀납적 사고방식을 주창한 거예요. 귀납적 사고방식은 기존의 고정 관념에서 벗어나, 세상을 있는 그대로 관찰하고 기록하자는 주장이었어요.

만약 베이컨이 살아 있다면 우리에게 이렇게 말하고 싶었을 겁니다. "세상을 있는 그대로 바라보렴. 너희 눈과 귀로 직접 경험하고, 진실을 발견하는 거야!"

'왜?'라고 질문해 보는 비판적 사고

베이컨은 우리가 지식을 대하는 자세에 대해서도 많은 것을 알려 주었어요. 그는 《우상론》이라는 책에서 이렇게 말했어요.

**"사람의 마음속에는 편견이라는 우상들이 자리 잡고 있다.
이 우상들 때문에 사람들은 세상을 있는 그대로 보지 못한다."**

편견(偏見)은 공정하지 못하고 한쪽으로 기울어진 생각을 뜻해요. 이러한 생각이 진실을 가로막는 장벽이 될 수 있다는 거예요. 그래서 베이컨은 우리에게 끊임없이 질문하라고 말해요. 당연하다고 여겼던 것도 의심해 보라고 하지요. 이것이 바로 비판적 사고예요. 여러분, 학교에서 배우는 모든 것들을 진실인 양 그대로 받아들이진 않나요? 한 번쯤은 '왜?'라는 질문을 던져 보는 게 어떨까요?

베이컨의 이런 사상들은 너무나 혁명적이어서 당대에는 쉽게 받아들여지지 않았어요. 하지만 그의 지혜는 결국 시간이 지나 빛을 발하게 됩니다. 실제로 많은 학자가 베이컨의 가르침에서 영감을 얻었어요. 근대 과학 발전의 이론적 토대가 되었다는 말도 있지요. 베이컨 덕분에 여러분은 경험과 실험을 과학의 기본으로 여기게 된 거예요.

스스로 탐구하며 질문하는 힘

베이컨의 생각을 통해 여러분은 공부에 대한 자세를 고칠 수가 있을 겁니다. 교과서 속 지식을 그저 암기하는 게 아니라, 스스로 탐구하면서 질문하는 힘을 갖게 되는 것이지요. 어떤 어려운 문제에 부딪혀도 포기하지 않을 것이고요. 베이컨이 가르쳐 준 도전 정신, 끈기, 창의력이야말로 진정한 공부의 자세랍니다.

오늘부터 베이컨의 제자가 되어 보는 건 어떨까요? 세상을 호기심 어린 눈으로 바라보면 좋겠습니다. 틀에 박힌 답을 찾기보다는, 스스로 문제를 발견하고 해결해 나가는 멋진 학생이 되길 바랄게요. 공부하기 싫을 때마다 베이컨의 말을 떠올려도 좋겠습니다.

"아는 것이 힘이다!"

학교에서, 책상에서, 실험실에서, 언제 어디서나 베이컨 정신으로 무장하고 힘차게 전진해 나가 봐요! ✌

2
관찰과 실험을 통해 배운다

귀납적 사고를 바탕으로 한 탐구 학습법

　여러분은 지금 '공부'라는 험난한 여정 속에 있어요. 어려운 개념들, 방대한 암기 과제들, 풀어도 끝이 없는 문제집까지! 버티기 힘든 순간이 참 많지요. 그럴 때마다 책상에서 벗어나고 싶을 거예요. 하지만 바로 그런 순간에 베이컨이 손을 내밀어 줄 겁니다.

　베이컨은 근대 과학 혁명의 선구자이자, 지식의 힘을 강조한 영국의 철학자예요. 그는 우리가 어떻게 공부해야 하는지에 대해 정말 멋진 이야기를 들려주었어요. 도대체 베이컨이 우리에게 들려주고 싶었던 공부의 비결은 무엇일까요? 일단 이 말을 한번 읽어 볼까요?

"자연을 지배하려면 자연에 복종해야 한다."

자연에 복종이라니, 이게 무슨 말일까요? 여기서 자연이란 우리가 공부하는 모든 대상을 뜻해요. 국어, 영어, 수학, 과학, 이 모든 것이 우리 앞에 펼쳐진 자연이지요. 베이컨은 이 자연을 지배하는 방법이 있다고 말했어요. 그건 바로 관찰과 실험이라고 말이지요.

"개미처럼 부지런히 자료를 모으고,

벌처럼 그것을 소화하여 체계를 세우며,

거미처럼 그 체계에서 귀납의 실을 뽑아내야 한다."

'귀납'이라는 단어가 낯설지요? 귀납 혹은 귀납법이란 여러 가지 관찰이나 경험을 통해 일반적인 결론을 이끌어 내는 방법입니다. 쉽게 말해 작은 사실을 모아 큰 규칙을 만드는 것이지요. 예를 들어 볼게요. 여러분이 매일 담임 선생님을 관찰한 결과, 다음과 같은 것을 알게 되었어요. 월요일 아침, 커피를 드셨다. 화요일 아침, 커피를 드셨다. 수요일 아침, 커피를 드셨다. 목요일 아침, 커피를 드셨다. 금요일 아침, 커피를 드셨다.
자, 결론은 뭘까요? '우리 담임 선생님은 아침마다 커피를 드신다.' 이렇게 매일의 관찰을 통해 일반적인 규칙을 추론하는 것이 귀납법입니다. 참 쉽죠? 즉, 베이컨은 개미와 벌, 거미에 빗대어, 그리고 귀납의 원리를 통해 공부 방법을 설명한 거예요. 관찰로 사실을 꼼꼼히 수집하고, 실험으로 그 안에 담긴 원리를 발견하는 것, 베이컨이 생각한 탐구 학습의 핵심이에요!

그렇다면 이런 탐구 학습을 어떻게 해야 잘할 수 있을까요? 베이컨은 이에 대한 구체적인 방법까지 제시했어요.

"어떤 자연 현상이든 면밀히 관찰하여

조건을 바꿔 가며 실험한 뒤, 자료들을 잘 정리하고 분류하여

일반적인 원리를 이끌어 내야 한다."

정말 알기 쉽게 설명했지요? 눈앞에 있는 것을 찬찬히 살펴보고, 그것이 어떻게 변하는지 끈기 있게 실험하는 거예요. 그리고 관찰과 실험을 통해 얻은 사실을 바탕으로, 여러 현상 뒤에 숨어 있는 진리를 발견하는 것! 이것이야말로 베이컨이 우리에게 선물한 최고의 공부 비법이에요.

물론 이 모든 것이 말처럼 쉽지만은 않습니다. 예를 들어 볼게요. 국어 시간에 배운 문학 작품을 공부한다고 해 봅시다. 표면적 줄거리를 파악하는 것에서 그치지 않고, 인물의 성격과 심리까지 꼼꼼히 관찰해야 하겠지요. 작가의 의도는 무엇일까, 작품의 시대적 배경은 어떨까 하는 질문을 던지며 탐구해야 합니다. 이는 엄청난 노력과 집중력이 필요한 일이에요.

하지만 포기하지 말아요. 힘들어도 꾸준히 도전하다 보면, 베이컨처럼 여러분도 위대한 탐구자가 될 수 있을 거예요. 자, 그럼 오늘부터 내가 공부하는 모든 것을 실험으로 여겨 볼까요? 교과서와 참고서에 숨겨진 보물을 캐내는 멋진 과학자가 되어 보는 거예요. 그 시작은 '왜 이런 현상이 일어날까? 어떻게 하면 이 문제를 해결할 수 있을까?'라는 궁금증에서 비롯됩니다. 물론 원하는 결과가 나오지 않을 수도 있을 거예요. 그럴 때는 베이컨이 한 이 말을 떠올려 봐요.

"진리는 오류보다 더 쉽게 실험으로부터 떠오른다.
왜냐하면 오류는 다양하지만 진리는 오직 하나이기 때문이다."

실패를 두려워하지 말아요. 오류를 통해서 여러분은 성장할 수 있으니까요. 실수투성이 실험 노트도, 구겨진 낙서장도 모두 소중한 배움의 발자취랍니다.

자, 이제 여러분만의 실험실, 학교 교실도 좋고, 학원 강의

실도 좋고, 스터디 카페도 좋으니 그곳으로 가 볼까요? 교과서와 노트를 펴고, 관찰과 실험이라는 마법의 도구로 무장한 여러분이라면 그 어떤 문제도 풀어낼 수 있을 거예요. 👻

생각이 열리고 성적이 오르는 공부팁

학습 관찰 일지

매일 저녁, 그날 배운 내용을 정리하고 의문점을 기록해 봐요. 스스로 자신의 학습 방법을 관찰하고 이를 통해 자신의 학습 패턴을 파악하여 개선점을 찾으면 성적 향상에 큰 도움이 될 거예요.

실험을 통한 학습

과학 개념을 이해하기 위해 집에서 간단한 실험을 진행합니다. 예를 들어 마찰력을 이해하기 위해 다양한 표면에서 물체를 미끄러뜨리는 실험을 하고, 이를 통해 추상적인 개념을 구체적으로 이해해 봐요.

3
편견과 선입견을 버려라

• • •

우상론에서 배우는 비판적 사고력 기르기

이번엔 우상론을 소개하려고 해요. 우상이라니! 뭔가 거창해 보이지요? 참고로 우상(偶像)이란 '특정한 믿음이나 의미를 부여하여 나무, 돌 등으로 만든 형상' 혹은 '신처럼 숭배의 대상이 되는 물건이나 사람'을 의미해요. 베이컨은 우상이라는 개념을 통해 우리 머릿속에 있는 편견과 선입견을 지적했어요. 인간은 누구나 자기도 모르는 사이에 그릇된 생각에 사로잡히기 쉽다는 거예요.

평소 우리가 너무나 당연하게 여기는 것들도 알고 보면 편견일 수 있어요. 이런 편견들은 마치 우상처럼 우리 머릿속에 자리 잡고 올바른 사고를 방해하지요. 그래서 베이컨은 이렇게 말했어요.

"우리는 세상을 있는 그대로 바라보는 것이 아니다.

단지 우리의 왜곡된 렌즈를 통해서 바라본다."

우리가 세상을 바라보는 눈에는 이미 수많은 색안경이 껴 있다는 거예요. 그래서 여러분은 때로 사실을 사실 그대로 받아들이지 못하고, 오직 자기 생각에 맞춰서 해석합니다. 이것이 베이컨이 말한 우상의 실체예요. 그렇다면 이런 우상을 어떻게 해야 극복할 수 있을까요? 베이컨은 이렇게 제안했어요.

"우상을 깨부수려면,

우선 그 우상이 존재한다는 사실부터 깨달아야 한다."

우리 마음속에 자리한 우상의 실체를 알아차리는 것부터가 우상을 이기는 첫걸음이라는 것을 알아야 해요. 평소 내가 당연하게 여기는 것들을 한번 비판적으로 돌아보는 거예요. '이건 정말 사실일까?', '내 선입견 때문에 그렇게 생각하는 걸까?' 끊임없이 자기 자신에게 질문해야 하는 이유입니다.

특히 공부할 때는 이런 자세가 더욱 중요해요. 교과서나 선생님이 가르쳐 주는 내용을 무조건 받아들이기보다는 '왜 그럴까?', '다른 관점은 없을까?' 하고 끊임없이 질문하는 거예요.

사실과 의견을 구분하고, 근거가 충분한지 따져 보는 것! 이것이 바로 베이컨이 강조한 비판적 사고랍니다.

처음엔 쉽지 않을 거예요. 오랫동안 깊숙이 뿌리내린 편견을 뽑아내려면, 엄청난 용기와 끈기가 필요할 테니까요. 하지만 포기하지 말아요. 노력하다 보면 어느새 여러분의 눈에서 편견이 가득한 색안경이 하나둘 벗겨질 테니까요. 유리알처럼 투명하고 맑은 눈으로 세상을 바라볼 날이 올 겁니다.

이제 우리 함께 우상 찾기에 도전해 볼까요? 이번 주에는 내가 당연하다고 여겼던 것들을 하나씩 적어 보는 거예요. SNS에서 신기한 소식을 볼 때도, 그 내용을 곧이곧대로 믿기보다는 한번 의심해 보기! 친구들과 토론할 때도 내 주장만 고집하지 않고, 상대방 관점에서 다시 생각하기! 이렇게 작은 실천부터 시작하는 거예요. 이 과정이 어려울 땐 베이컨의 말을 떠올려요.

"진리를 깨닫는 길에서는 오류를 피할 수 없다.
오류를 두려워하지 말고, 그것을 교훈 삼아 나아가야 한다."

눈앞의 편견에 맞서는 게 두려워도 비판적 사고의 날카로운 칼을 뽑아 들어야 합니다. 여러분은 분명 위대한 우상 파괴자

가 될 수 있어요! 비판적 사고의 날개를 달고 자유롭게 날아오를 수 있기를 바랍니다. 🐣

다각도로 문제 보기

역사 과목을 공부할 때 하나의 사건을 여러 관점에서 분석하는 습관을 들여 봐요. 예를 들어 임진왜란을 단순히 조선의 관점에서만 보지 않고 일본, 명나라의 입장에서도 살펴보는 것이지요. 이러한 다각도 접근법은 역사적 사건에 대한 깊이 있는 이해와 비판적 사고력 향상에 도움을 줄 거예요.

내 생각 검증하기

자신의 의견이나 답안에 대해 항상 '왜 그렇게 생각하는가?'라는 질문을 던지는 습관을 가져 봐요. 이를 통해 자신의 사고 과정을 검증하고 논리적 오류를 찾아 수정할 수 있어요. 이러한 자기 검증 과정은 특히 논술형 문제 해결에 큰 도움이 된답니다.

역발상 노트

매주 한 가지 주제에 대해 기존의 상식이나 통념을 뒤집어 생각해 보는 노트를 작성해 봐요. 예를 들어 '경제 성장은 꼭 좋은 것일까?'와 같은 질문을 던지고, 이에 대해 깊이 있게 고민하는 겁니다. 이러한 연습은 창의적 사고력 향상과 함께 관련 분야의 논술에서 독창적인 시각을 제시하는 데 도움을 줍니다.

4
지식의 힘을 깨달아라

우리를 행복하게 하는 배움의 즐거움

여러분은 공부하는 게 즐거운가요, 아니면 너무 괴로운가요? 숙제와 시험에 시달리다 보면 공부가 마냥 즐겁지만은 않을 거예요. 그런 여러분에게 공부의 즐거움을 마음껏 느낄 수 있도록 이번에는 베이컨의 《학문의 진보》를 준비했어요.

"인간의 행복은 지식에서 나온다.

인간은 배움을 통해 자연을 이해하고,

그 이해를 바탕으로 자연을 변화시킬 수 있다."

공부가 우리를 행복하게 하다니! 책 속에 담긴 지식이 세상을 바꾸는 놀라운 힘이라니! 여러분, 혹시 지금 하는 공부가 미래의 내가 될 토대라는 걸 알고 있나요? 물론 수학 문제를 풀다가 막막해질 때나 영어 단어가 눈에 잘 안 들어올 때 '내가 이걸 왜 알아야 하지?'라는 생각이 들기도 하고, 포기하고 싶은 마음이 들기도 해요. 그럴 땐 베이컨의 말을 떠올려 봐요.

**"한 사람의 지식이 많아질수록 그는 더 많은 것을 탐구할 수 있다.
지식은 학문으로, 학문은 다시 지식으로 이어지는 선순환을 만든다."**

아무리 작은 공부라도 그것이 쌓이고 쌓이면, 언젠가는 위대한 발견으로 이어질 수 있다는 이야기입니다. 베이컨이 우리에게 희망을 주려고 한 말 같지 않나요? 아무리 작은 것이라도 우리가 오늘 배운 것들이 내일의 놀라운 성취가 됩니다. 이런 꿈을 안고 공부한다면 지금 당장은 분명 힘들어도 희망을 통해 조금은 즐겁지 않을까요?

그뿐만이 아닙니다. 우리의 공부는 오직 우리만을 위한 게 아니에요. 베이컨은 지식의 힘이 우리 개인뿐만 아니라 인류 전체를 이롭게 한다고 얘기했거든요.

**"학문은 인류의 고통을 덜어 주고 삶을 풍요롭게 한다.
여러분은 지식을 나누고 확산시킬 책임이 있다."**

우리가 배우고 있는 이 모든 것이 사실은 세상을 위한 것이었다니, 몰랐지요? 공부가 때로는 힘들고 지칠지라도, 언젠가는 이 지식으로 누군가에게 도움을 줄 수 있을 거예요. 내가 배운 것을 베푸는 기쁨, 상상만 해도 행복하지 않나요? 그동안 도움만 받던 내가 언젠가는 도움을 주는 사람이 될 수 있다는 것! 이런 마음을 갖는다면 오늘부터라도 새로운 마음으로 공부할 수 있을 거예요. 교과서 한 줄 한 줄이 놀라운 보물이라고 생각하면서요.

물론 시험 기간만 되면 머리가 하얘질 때도 있고, 성적표를 받고 좌절할 때도 있을 거예요. 그럴 때일수록 베이컨의 이 말을 되새겨 봐요.

"진정한 학자는 역경에 굴하지 않는다.
시련은 우리를 더 높은 경지로 이끄는 디딤돌일 뿐이다."

공부의 고비를 넘을 때마다 더 성장할 수 있다는 걸 잊지 말아요. 실패하는 게 두려워서, 넘어지고 깨지는 것이 무서워서 도전을 멈추지 말아요. 실수를 통해 배우고, 또 앞으로 나아가는 여러분이야말로 진정한 학생, 아니 학자랍니다!

물론 도전이라고 해서 아무것도 하지 않고 오로지 책상에 앉아 책만 보라는 것은 아니에요. 공부가 지칠 때는 잠시 책상에서 일어나 봐요. 창밖의 새들, 바람에 흔들리는 나뭇잎들을 눈여겨봐요. 세상에는 배울 것들이 많으니까요.

이제 다시 책상으로 돌아가 봅시다. 숙제와 시험지가 반갑게 느껴지진 않겠지만 용기를 내 봐요! 여러분이 풀어낸 문제 하나하나가 세상을 깨우는 희망의 촛불이 될 테니까요. 오늘의 노력이 내일의 놀라운 발견으로 이어질 거예요. ✌

생각이 열리고 성적이 오르는 공부팁

지식 나누기

학습 그룹을 만들어 서로 가르치고 배우는 활동을 해 봐요. 자신이 잘 아는 과목을 다른 친구에게 설명하면서 더 깊이 이해할 수도 있고, 모르는 부분은 친구들에게 배우며 학습할 수 있어요. 이 과정에서 지식을 나누는 즐거움과 함께 의사소통 능력도 향상될 거예요.

5
자연의 법칙을 발견하라

세상의 법칙을 관찰하며 시작하는
귀납법적 탐구 방식

베이컨의 대표 저서 중에 《노붐 오르가눔》이라는 책이 있어요. 제목이 마치 동화 속 주문 같지요? 우리 함께 이 책에 담긴 놀라운 탐구의 비밀을 알아봅시다. 노붐 오르가눔(Novum Organum)은 라틴어로 새로운 도구라는 의미예요. 즉, 책 제목이 《새로운 도구》이지요.

베이컨은 이 책에서 그 유명한 '귀납법'을 체계화해서 설명했어요. 귀납법, 앞에도 잠깐 나왔지만 다시 설명해 줄게요. 쉽게 말해서 사실들을 모아 결론을 내는 거예요. 마치 퍼즐 조각을 하나둘 맞추며 전체 그림을 완성하는 것처럼요. 베이컨은 이런 귀납적 사고야말로 자연의 비밀을 푸는 열쇠라고 생각했어요.

"자연을 지배하려면 먼저 자연에 복종해야 한다.

겸허한 자세로 자연의 모습을 관찰하고 기록해야 한다."

우리가 자연의 주인이 되려면, 오히려 자연을 따라야 한다고 합니다. 눈앞의 자연 현상을 주의 깊게 살피고, 그것을 있는 그대로 받아들이라는 거예요. 내 생각을 자연에 맞추려 들기보다는, 자연이 우리에게 들려주는 이야기에 귀 기울이는 겁니다. 이렇게 자연을 관찰하다 보면 여러 사실 사이에 어떤 연결 고리가 보일 텐데 그걸 따라가면 자연의 법칙을 마주하게 된다는 것이지요.

"귀납법은 단순한 관찰에서 출발해

점차 더 보편적인 명제로 나아가는 것이다.

마치 개미가 먹이를 조금씩 모아 커다란 성을 쌓아 가듯이 말이다."

명제는 어떤 문제에 대한 논리적인 판단이나 주장을 언어나 기호로 표현한 거예요. 예를 들면 '고래는 포유류이다.'와 같은 문장이지요. 베이컨은 귀납법이란 단순한 관찰에서 출발하여 누구나 쉽게 알 수 있는 이러한 보편적인 명제로 나아가는 것이라고 했어요.

우리도 작은 개미처럼, 지식의 알갱이를 하나둘 모아 가는 중이에요. 교실에서, 실험실에서, 스터디 카페에서, 또는 일상의 곳곳에서 만나는 사실들을 기록하고 분류하고 있지요. 그러다 보면 어느새 지식의 성이 쌓여 있을 거예요. 그건 바로 자연의 법칙을 발견하는 출발점이 됩니다.

물론 호기심 가득한 눈으로 세상을 바라보는 게 쉽지만은 않아요. 때로는 지칠 때도 있고, 실험이 마음먹은 대로 되지 않아 좌절할 때도 있겠지요. 하지만 그럴 때마다 베이컨의 이 말을 되새겨 봐요.

"자연은 오직 복종하는 자에게만 그 비밀을 드러낸다.
자연 앞에 겸손해야 하며,
끊임없는 노력으로 그 신비를 풀어 가야 한다."

포기하고 싶은 순간에도 이 말씀을 가슴에 새기며 버텨 보자고요. 자연의 위대한 법칙을 이해하고 밝혀내는 게 결코 쉬운 일은 아니에요. 하지만 그 험난한 길을 개척해 나가는 사람만이 진정한 발견의 기쁨을 맛볼 수 있답니다.

이제 우리가 해야 할 것이 확실해졌어요. 베이컨이 이야기한 《노붐 오르가눔》의 정신으로 무장하는 것이에요. 어디를 가든 호기심 어린 눈으로 세상을 바라봐요. 의문이 들 때마다 직접 실험하고 관찰도 해 봐요. 그렇게 발견한 사실들을 꼼꼼히 정리해 나가다 보면, 여러분만의 위대한 발견이 기다리고 있을 거예요. 귀납법이라는 새로운 도구, 강력한 무기를 통해 공부하는 과정에서 다가올 그 어떤 어려움도 뚫고 나갈 수 있습니다. 노붐 오르가눔! 🐏

생각이 열리고 성적이 오르는 공부팁

과학 실험 일지

학교에서 과학 실험을 할 때 잘 관찰하고, 그것을 일지로 작성해요. 단순히 결과뿐만 아니라 과정에서 일어나는 모든 변화를 꼼꼼히 기록하는 거예요. 이러한 습관은 실험 결과를 예측하고 이해하는 데 큰 도움이 돼요.

6
백과사전식 지식을 쌓아라
베이컨이 제안한 유용한 독서법

책은 시공간을 뛰어넘어 위대한 사상과 만나게 해 주는 마법 같은 존재예요. 그런데 막상 책을 펼치면 어디서부터 어떻게 읽어야 할지 막막할 때가 있어요. 하지만 걱정하지 말아요. 베이컨이 들려줄 독서의 지혜로 우리 모두 책 읽기의 고수가 될 수 있을 거예요.

베이컨은 독서야말로 가장 값진 배움의 방법이라고 말했어요. 베이컨이 책을 얼마나 중요하게 여겼는지는 다음의 명언을 통해 확인할 수 있어요.

"책은 역사의 요약이며 시대의 등불이다.

독서로 과거의 현자들과 대화하고,

여러분도 책 속에서 놀라운 만남을 경험해 본 적 있나요? 아마 위인전을 읽다가 꿈을 키우기도 했을 거예요. 또 소설 속 인물이 되어 모험을 떠나 보기도 했겠지요. 책은 우리 삶의 무한한 가능성을 열어 주는 창이에요. 독서는 곧 성장이고, 발전이랍니다.

하지만 책을 고르는 게 쉽지만은 않아요. 수많은 책 중에 어떤 책부터 읽어야 좋을지, 어떻게 읽어야 도움이 될지 고민되는 게 사실이지요. 이번엔 베이컨이 들려주는 독서 방법에 대해 알아봅시다.

"책은 씹어서 삼켜야 한다. 중요한 구절을 찾아내고,

깊이 생각하며, 자신의 것으로 만들어야 한다."

오, 조금 무섭네요. 책을 씹어 삼킨다? 도대체 무슨 말일까요? 베이컨의 이 말은 책을 진짜로 먹으라는 이야기가 아니에요. 책에 담긴 핵심을 파악하지 못한 채로 겉만 살짝 읽으면 안 된다는 뜻이에요. 책의 내용을 곱씹어 보고, 비판적으로 사고하라는 것이지요. 그렇게 저자의 생각을 삼키고 소화하여 자신만의 지식으로 만드는 거예요. 책을 읽되, 그냥 대충 읽는 게 아니라 씹고 뜯고 맛보며 읽으라는 말씀이지요.

그렇다면 어떤 책을 읽어야 할까요? 그냥 닥치는 대로 다 읽으면 될까요? 베이컨은 독서에도 체계가 필요하다고 강조했어요.

"좋은 책을 고르되 다양한 분야를 넓게 읽어라.

백과사전처럼 광범위한 지식을 쌓는 것이 중요하다."

여러분, 혹시 좋아하는 분야의 책만 골라 읽는 편인가요? 전문성도 중요하지만, 세상엔 배울 것이 엄청나게 많아요. 역사, 철학, 과학, 문학 등 다양한 분야의 책을 두루두루 접하다 보면 지식의 즐거운 만남이 펼쳐질 거예요. 서로 다른 영역의 지식이 쌓이면 창의력도 쑥쑥 자라날 거고요. 이렇게 백과사전처럼 풍성한 지식을 쌓는 게 베이컨이 권하는 독서법이랍니다.

물론 살다 보면 어려운 책을 만날 때도 있을 거예요. 한 페이지 읽는 데 한나절이 걸릴 때도 있겠지요. 그럴 땐 자신에게 이렇게 말해 봐요. '책 속에 나만 모르는 보물이 있어. 조금만 더 파 보자!' 포기하고 싶은 순간에도 책을 붙드는 끈기, 정말 대단한 거랍니다. 어려운 책 한 페이지를 파고들면 그것이 결국 나중에 다른 책 열 페이지를 쉽게 읽는 힘이 됩니다.

또 책을 읽고 나면 반드시 기록하는 습관을 들이도록 해요. 자기의 생각을 한 문장이라도 적는 거예요. 베이컨도 책을 읽을 때는 반드시 메모를 했답니다. 그래서 이런 말을 남겼어요.

"책을 읽고 기록하지 않는다면, 그 책은 읽지 않은 것과 마찬가지다.
독서 노트는 네 머릿속 도서관을 만드는 일이다."

'머릿속 도서관', 멋진 말이지요? 소중한 깨달음, 마음에 와 닿은 문장 등을 기록해 두면 여러분만의 보물이 될 거예요. 나중에 다시 펼쳐 보면 그때의 감동이 되살아나겠지요. 힘들 때 꺼내 보면 위로도 되고, 용기도 날 거예요. 독서 후에 하는 기록은 책을 읽는 즐거움, 배움의 기쁨을 오래도록 간직할 수 있는 최고의 방법이랍니다. 손 글씨가 아니어도 좋아요. 스마트폰 메모장이나 SNS에 여러분이 책을 읽고 깨달은 걸 써 보는 것도 좋습니다.

오늘은 평소 궁금했던 분야의 책 한 권을 골라 보는 건 어떨까요? 역사책을 읽으며 옛 현인들의 삶을 만나 봐요. 또는 철학책을 읽으면서 발견한 하나의 문장을 두고 잠시 생각해 보는 시간을 갖는 것도 좋겠지요. 그림책을 넘기며 또 다른 상상의 나래를 펼쳐 볼 수도 있어요. 여러분이 고른 책 한 권이 새로운 세상으로 통하는 문이 되어 줄 거예요.

우리 모두 오늘부터 책과 친구가 되어 볼까요? 가방에, 책상 위에, 그리고 마음속에도 책 한 권쯤은 늘 함께하는 거예요. 버스를 기다리는 짧은 시간, 잠들기 전 잠깐의 여유에도 책을 펼쳐 봐요. 그러면 어느새 여러분은 지식의 한 페이지 한 페이지를 채워 가고 있을 거예요. 스마트폰은 잠시 주머니에, 가방에 넣어 두고요. ⛄

생각이 열리고 성적이 오르는 공부팁

7일 7색 독서법
매일 서로 다른 분야의 책을 읽는 독서법이에요. 월요일은 과학, 화요일은 역사, 수요일은 문학 등 다양한 분야의 책을 균형 있게 골고루 읽는 것이지요. 폭넓은 지식을 쌓고, 여러 과목 간의 연결 고리를 발견하는 능력이 향상된다면 통합형 논술에 큰 도움이 될 거예요.

3C 독서 노트
Content(내용 요약), Criticism(비판적 분석), Connection(다른 지식과의 연결)이라는 세 가지 항목을 중심으로 독서 내용을 정리해 봐요. 이러한 방식은 단순히 책의 내용을 이해하는 것을 넘어 비판적 사고력과 통합적 사고력을 기르는 데 도움을 줍니다.

베이컨의 명언으로 살펴보는 인생 교훈

사람의 마음속에는
편견이라는 우상들이 자리 잡고 있다.
이 우상들 때문에 사람들은
세상을 있는 그대로 보지 못한다.

아는 것이 힘이다!

개미처럼 부지런히 자료를 모으고,
벌처럼 그것을 소화하여
체계를 세우며, 거미처럼 그 체계에서
귀납의 실을 뽑아내야 한다.

우리는 세상을 있는 그대로
바라보는 것이 아니다.
단지 우리의 왜곡된
렌즈를 통해서 바라본다.

진리를 깨닫는 길에서는
오류를 피할 수 없다.
오류를 두려워하지 말고,
그것을 교훈 삼아 나아가야 한다.

한 사람의 지식이 많아질수록
그는 더 많은 것을 탐구할 수 있다.
지식은 학문으로,
학문은 다시 지식으로 이어지는
선순환을 만든다.

학문은 인류의 고통을 덜어 주고
삶을 풍요롭게 한다.
여러분은 지식을 나누고
확산시킬 책임이 있다.

자연을 지배하려면 먼저
자연에 복종해야 한다.
겸허한 자세로 자연의 모습을
관찰하고 기록해야 한다.

귀납법은 단순한 관찰에서 출발해
점차 더 보편적인 명제로
나아가는 것이다. 마치 개미가
먹이를 조금씩 모아 커다란 성을
쌓아 가듯이 말이다.

책은 역사의 요약이며
시대의 등불이다. 독서로 과거의
현자들과 대화하고,
현재의 사태를 꿰뚫어 볼 수 있다.

좋은 책을 고르되
다양한 분야를 넓게 읽어라.
백과사전처럼 광범위한 지식을
쌓는 것이 중요하다.

책을 읽고 기록하지 않는다면,
그 책은 읽지 않은 것과
마찬가지다. 독서 노트는
네 머릿속 도서관을
만드는 일이다.

4장

헤겔

진리는 전체다!

1
헤겔을
소개합니다!

철학에 관심이 많은 친구라면 한 번쯤 헤겔의 이름을 들어 봤을 거예요. 하지만 대부분 친구에게 헤겔은 낯선 이름일 수 있어요. 그래서 오늘은 여러분에게 헤겔을 소개하려고 해요. 헤겔은 우리 공부에 큰 영감을 주는 멋진 스승이거든요!

우정의 힘으로 극복한 방황의 시기

헤겔의 본명은 게오르크 빌헬름 프리드리히 헤겔(Georg Wilhelm Friedrich Hegel, 1770~1831)로, 독일의 슈투트가르트에서 태어났어요. 아버지는 재무 관료였고, 어머니는 법률가의 딸이었어요. 헤겔은 어릴 때부터 총명했고 고전과 문학, 철학을 탐독하며 자랐어요.

1788년 열여덟 살이 된 헤겔은 튀빙겐 대학교에 입학하여 신학과 철학을 공부했어요. 그러나 당시에 학교 규율이 너무 엄격했고, 강의 내용도 만족스럽지 않았기에 점차 공부에 흥미를 잃어 갔어요. 이런 상황에서 헤겔은 다행히 좋은 친구들을 만나 마음을 다잡고 깊이 있는 배움의 시간을 보내게 됩니다.

이후 대학을 졸업한 헤겔은 가정 교사 일을 하며 방대한 독서와 연구를 이어 갔어요. 그러다 1801년, 예나 대학에서 논리학과 형이상학을 강의하게 됩니다. 불과 서른 남짓한 나이에 대학에서 강의를 시작한 거예요.

공부의 의미와 방법을 찾다

1807년 헤겔은 그의 대표작인 《정신 현상학》을 출간했어요. 이 책에서 헤겔은 인간 정신의 발달 과정을 깊게 탐구하지요. 자아와 세계가 변증법적으로 통합되는 과정을 날카롭게 포착하여 철학의 역사에 큰 족적을 남겼답니다. 변증법이 뭐냐고요? 그건 뒤에서 설명해 줄게요!

이후 헤겔은 에기디엔 김나지움 교장이 돼요. 김나지움은 지금의 중고등학교 같은 기관이에요. 헤겔은 여기에서 학생들을 생각하면서 교육에 대한 깊은 통찰을 쌓게 됩니다. 실제로 학생들에게 철학을 가르치는 동시에, 교육 철학에 대한 자신만의 사상을 펼쳐 나갔어요. 공부의 의미와 방법에 대해 길게 생각한 것도 이때예요.

1816년 헤겔은 독일의 명문 대학인 하이델베르크 대학의 철학 교수가 되었어요. 이 시기에 강의한 내용을 모아 《엔치클로페디》라는 책을 펴냈지요. 이 방대한 저술에서 헤겔은 논리학, 자연 철학, 정신 철학 전반을 체계적으로 정리했어요. 학문의 모든 영역을 일관된 사유로 꿰뚫는 헤겔 철학의 진수를 보여 준 역작이지요.

1818년에는 베를린 대학으로 자리를 옮겼는데 이 시기에 헤겔의 철학은 완성기를 맞게 됩니다. 헤겔의 철학은 곧 유럽 지성계에 큰 반향을 불러일으켰지요. 그러던 1831년 11월 14일, 건강이 악화되어 베를린에서 생을 마감했어요.

헤겔이 생각한 참된 교육의 목적

헤겔은 서양 철학사 속 위대한 사상가 중 한 명이에요. 특히 헤겔의 변증법적 사유는 우리 공부에도 큰 영감을 주지요. 주장과 반박, 모순과 통합의 과정에서 진리를 발견해 가는 헤겔의 지혜는 암기 위주의 주입식 공부를 넘어, 창의적이고 능동적으로 앎을 추구하는 우리에게 소중한 나침반이 될 거예요.

헤겔은 교육의 궁극적 목적을 자유로운 정신의 성장에서 찾았어요. 단순한 지식 습득이 아닌, 자아를 성찰하고 세계를 꿰뚫어 보는 안목을 기르는 것이야말로 참된 교육의 의미라고 강조한 것이지요. 이런 헤겔의 메시지는 공부의 참된 가치가 무엇인지 다시 생각하게 해 줍니다. 헤겔이 남긴 수많은 책과 강의록이 조금 어렵긴 하지만, 헤겔을 통해 우리 삶과 공부를 향한 놀라운 통찰을 배우면 좋겠습니다. 🐾

2

모순과 대립을 포용하라

변증법을 통해 통합하여 생각하는 힘 기르기

여러분은 지금 공부라는 멋진 여정 속에 있어요. 하지만 어려운 개념들, 끝없이 이어지는 문제들, 높이 쌓인 교과서로 인해 버티기 힘들 때가 많지요. 그럴 때마다 공부가 고통스럽고, 괴로운 것이 되어 버리고, 도망치고 싶을 거예요. 하지만 바로 그 순간, 대단한 길잡이가 우리에게 손을 내밀어 주었어요. 바로 헤겔입니다.

헤겔은 19세기를 대표하는 위대한 철학자예요. 그는 논리적이고 통합적인 사고로 세상을 바라보며 우리에게 놀라운 통찰을 선사했지요. 특히 변증법이라는 개념으로 공부에 대한 새로운 시각을 열어 주었어요.

도대체 변증법이 무엇일까요? 그 뜻을 알아보기 전에 헤겔의 말을 들어 봅시다.

> **"모순된 것들의 통일 속에서 진리가 드러난다.**
> **대립물들의 갈등과 화해를 거쳐**
> **더 높은 차원의 진리에 도달하게 되는 것이다."**

어렵지만 천천히 읽어 봐요. 서로 모순되고 대립하는 것들, 그것을 단순히 충돌로만 볼 것이 아니라는 겁니다. 오히려 그 차이와 갈등 속에서 더 큰 진리를 발견할 수 있다는 뜻이지요. 변증법(辨證法)이란 이처럼 어떠한 의견이 있으면, 그것과 반대 되는 의견들이 모여 점차 더 높은 차원의 진리로 발전할 수 있 다는 논리입니다.

놀랍게도 이 말은 우리의 학급에도 그대로 적용할 수 있는 혁신적인 사고방식이에요. 여러분도 공부하다 보면 서로 반대 되는 내용들을 종종 마주치게 될 거예요. 가령 역사 시간에는 같은 사건도 관점에 따라 다르게 해석된다는 걸 배우지요. 과 학 시간에는 기존 이론을 뒤집는 새로운 실험 결과도 접하고 요. 이런 반대되는 학습 내용을 대할 때 여러분은 어떤 자세를 취해야 할까요?

"모순을 안고 씨름하며 그 속에서 진리의 싹을 찾아내려 노력하라.

그것이 참된 앎으로 나아가는 길이다."

이것일까, 저것일까를 고민하는 우리에게 힘이 되는 헤겔의 조언이에요. 상반된 내용을 접할 때 당황하거나 회피할 것이 아니라, 오히려 그 차이를 깊이 탐구하라는 것이지요. 모순의 이면에 감춰진 깊은 진실을 발견하려 노력하는 것, 그것이야말로 진정한 공부의 자세입니다.

물론 시험에 나올 것만 외우고, 정답만 찍어 맞히는 데 급급하여 충분히 생각할 만한 마음의 여유가 없다는 점, 잘 압니다. 하지만 수많은 지식을 주입식으로 배우느라 정작 중요한 사고의 과정은 놓쳐도 괜찮을까요? 이런 우리의 고민을 헤겔은 이미 꿰뚫어 보고 있었습니다.

"중요한 것은 결과가 아니라 과정이다.

모순을 인내하며 진리를 향해 나아가는 노력

그 자체가 고귀한 것이다."

공부는 단순히 지식을 암기하는 게 아니에요. 질문하고, 탐구하고, 논쟁하는 역동적인 과정이라는 겁니다. 결과에 연연하기보다는 그 과정을 즐기며 성장할 때, 여러분은 비로소 참된 학문의 길에 들어설 수 있어요. 지금부터라도 변증법적 사고에 도전해 보면 어떨까요?

먼저 모순을 두려워하지 않는 거예요. 서로 다른 주장이 나올 때 겁먹지 말고 그 속으로 깊이 들어가 봐요. 어떤 차이점이 있는지, 왜 그런 차이가 나는지 꼼꼼히 살펴보는 거예요. 그러다 보면 겉으로 보이는 모순 너머에 숨겨진 깊은 통찰을 발견하게 될 거예요.

또한 여러 관점에서 문제에 접근해 보는 것도 좋아요. 수학 문제 하나를 놓고도 다양한 풀이 방법을 찾아보는 거예요. 친구들과 토론도 많이 하고, 선생님께 질문도 자주 하면서요. 다 각도로 생각하다 보면 우리 안에 놀라운 창의력과 문제 해결력이 자라날 거예요.

마지막으로 공부의 과정을 즐기려 노력해 보세요. 어렵고 막막할 때도 있겠지만, 포기하지 말고 한 걸음 한 걸음 나아가는 거예요. 모순에 부딪히고 넘어지면서도 진리를 향해 전진하는 뜨거운 열정, 그것이야말로 진정한 공부의 기쁨이랍니다.

이제는 우리도 모순을 기꺼이 껴안고 씨름해 볼 차례예요. 정답만 좇는 공부가 아닌, 질문하고 탐구하는 참된 공부 말이에요. 그 길은 분명 쉽지 않을 거예요. 하지만 우리에겐 헤겔의 응원과 지지가 있습니다.

"진리를 향한 길은 결코 평탄한 것이 아니다.

그러나 모순을 껴안는 용기와 진리를 향한 열정을 잃지 않는다면

반드시 찬란한 지혜에 도달하리라."

힘들 때마다 헤겔의 이 명언을 떠올려 보아요. 포기하고 싶은 순간에도 변증법의 정신을 잃지 않는 거예요. 지금 바로 책상으로 달려가 볼까요? 오늘의 숙제, 어제 배운 개념, 친구들과 토론할 주제까지! 그 모두에 변증법의 마법을 걸어 봐요. 분명 그 안에서 경이로운 진리의 순간들을 마주하게 될 거예요. 😈

생각이 열리고 성적이 오르는 공부팁

대립 개념 통합 노트

대립되는 개념을 한눈에 볼 수 있게 통합하여 정리해 봐요. 예를 들어 과학에서 '작용-반작용' 개념을 배울 때 두 힘의 특성의 차이를 적고, 동시에 그들의 상호 의존성을 함께 정리하는 거예요. 이 활동은 개념 간의 연관성을 더 깊이 이해하고, 복잡한 문제 해결 능력을 키우는 데 도움이 된답니다.

대립 토론 스터디

역사나 사회 문제에 대해 상반된 입장을 나누어 토론하고, 각 입장의 장단점을 분석한 후 종합적 결론을 내는 과정을 거쳐 봐요. 비판적 사고력과 통합적 사고력을 동시에 키우는 좋은 방법이랍니다.

3
역사 속에서 배워라

세계사 속 인물에게 배우는
나를 돌아보는 학습법

역사 공부, 지루하고 딱딱한가요? 왜 배워야 하는지 모르겠다고요? 역사는 결코 우리와 동떨어진 과거의 이야기가 아니랍니다. 오히려 현재를 살아가는 우리에게 가장 소중한 삶의 교훈을 전하는 스승이에요. 역사 속 인물들의 발자취를 따라가다 보면 공부에 대한 놀라운 통찰을 얻게 될 거예요. 헤겔도 역사의 중요성을 강조했어요.

"개인의 삶은 시대의 거대한 흐름 속에서 이해되어야 한다.

역사 속 인물의 궤적을 살피는 것은

자신을 성찰하고 앞으로 나아갈 힘을 얻는 방법이다."

우리 인생도 결국 시대의 흐름 안에 있다는 뜻이에요. 역사 속 위인들의 삶을 배우는 건 자신을 더 잘 이해하고 미래를 개척하는 데 있어 커다란 영감을 줍니다. 그들의 발자취를 좇다 보면 우리 공부에도 활력이 되살아나지요.

역사는 선택의 연속입니다. 시대의 풍파 속에서도 소신을 지키며 앞으로 나아간 이들을 살펴보면, 그들의 삶 속에서 참된 공부의 자세를 배울 수 있어요.

"역사적 인물들의 삶 속에는 시대를 뛰어넘는 진리가 담겨 있다.

그들의 고뇌와 열정, 그리고 성찰의 순간들을 함께 체험하라.

너희 공부의 길이 환히 밝혀지리라."

헤겔의 말처럼 역사 공부의 묘미는 바로 여기에 있어요. 위인들의 삶을 단순히 외우는 게 아니에요. 마치 내가 그들이 된 것처럼 생생하게 체험하는 것이지요. '그들은 어떤 고민을 했을까?', '내가 그 인물이었다면 어떤 결단을 내렸을까?' 상상하며 역사 속 인물들의 그 여정을 느껴 보는 겁니다.

자, 지금부터 역사의 무대로 떠나 볼까요? 여러분에게 각별한 영감을 줄 만한 위인을 골라 보는 거예요. 꼭 교과서에 나오는 인물이 아니어도 좋아요. 자신의 마음을 울리는 인물이라면 그걸로 충분해요. 위인의 삶을 살펴보면서 여러분 자신의 삶을 투영해 봐요.

세계 인권 운동의 상징인 넬슨 만델라를 만나 본다면 어떨까요? 인종 차별이라는 벽에 맞서 평생을 투쟁한 용기, 감옥에 있으면서도 꺾이지 않은 정신력이 우리에게 큰 깨달음을 줄 거예요.

방사능 분야의 선구자 마리 퀴리는 어떤가요? 여성이기에 과학자의 꿈을 접어야 했던 시대였지만, 그 편견에 굴하지 않고 노벨상까지 받은 위대한 과학자이지요. 역경 속에서도 끝까지 공부의 길을 걸었던 열정, 우리 가슴에 깊이 새겨야겠어요.

이런 식으로 역사 속 위인들과 만나다 보면 어느새 여러분 마음속에 뜨거운 무언가가 피어오를 거예요. 시련에 좌절하지 않는 의지, 세상을 이롭게 하려는 사명감 등 그 모두가 살아 있는 공부로 이어질 거라 믿어 의심치 않아요.

그렇다고 위대한 인물, 유명한 사람의 시간만 역사가 아니랍니다. 무슨 말이냐고요? 여러분, 우리의 삶도 역사예요. 지금 그리고 여기에서 여러분이 써 내려가는 위대한 역사 말이에요. 앞으로 펼쳐질 그 찬란한 여정, 역사 속 스승들에게서 배운 지혜의 빛으로 환히 밝혀 나가 보아요. 포기하지 않는 열정, 더 나은 세상을 향한 의지를 가슴에 품고 말이에요. 어쩌면 넬슨 만델라보다, 마리 퀴리보다 더 위대한 미래가 여러분 앞에 있을지도 모릅니다.

지치고 힘들 때, 역사 속으로 잠깐 여행을 떠나 보는 건 어떨까요? 위인들의 고민에 공감하고, 그들의 담대함에 용기를 얻는 거예요. 이 험난한 공부와 인생의 여정 속에서 우리도 누군가에겐 희망의 역사가 되어 줄 수 있어요.

"역사는 과거에 머무르지 않는다.

너희가 바로 살아 있는 역사의 현재이자 미래다.

위대한 정신으로 앞으로 나아가는 그대들 자체가 역사이다."

헤겔의 이야기처럼 우리 모두 역사의 빛나는 한 페이지가 되기를 간절히 바라 봅니다. 🌙

생각이 열리고 성적이 오르는 공부팁

역사 인물 연계 노트

역사 인물의 생애와 업적을 다양한 분야에서 살펴봐요. 예를 들어 세종대왕의 한글 창제를 공부할 때 언어학적 측면뿐만 아니라 당시의 경제, 사회, 문화적 배경까지 함께 정리해요. 역사적 사건을 입체적으로 이해하고, 여러 과목의 지식을 통합하는 능력을 키울 수 있어요.

시대별 비교 학습

역사 공부라면 역시 시대별 비교가 최고! 예를 들어 르네상스, 계몽주의, 산업 혁명 시대를 비교하며 각 시대의 특징, 사상가들의 주장, 사회 변화 등을 정리하는 겁니다. 역사의 흐름을 큰 틀에서 이해하고, 현재 사회 문제에 대한 통찰력도 기를 수 있습니다.

역사 인물 일기

중요한 역사적 사건이나 인물을 공부할 때 그 인물의 입장에서 일기를 써 보는 방식으로 학습해 봅니다. 예를 들어 나폴레옹의 입장에서 워털루 전투에 대한 일기를 쓴다면? 이 방법을 활용하면 역사적 상황을 생생하게 이해하고 기억할 수 있답니다.

4
자유를 향해 나아가라
· · ·
정신 현상학에서 배우는 스스로 실천하는 학습 태도

인간은 누구나 자유를 원합니다. 스스로 선택하고 결정하는 주체가 되고 싶은 것이지요. 그런데 막상 우리의 삶을 들여다보면 어떤가요? 부모님의 기대, 학교의 규율, 사회의 기준에 휘둘리느라 정작 내 안의 목소리는 외면하고 사는 게 우리의 현실이지요. 공부도 마찬가지예요. 수동적으로 주입받고 외우기만 하느라 자신만의 생각을 펼칠 기회를 놓치곤 합니다.

하지만 우리 안에는 자유로운 정신이 살아 숨 쉬고 있다는 사실을 잊지 말아요. 헤겔은 이런 우리에게 귀한 가르침을 남겼어요.

"정신은 자유를 향한 끊임없는 여정 속에 있다.

세계와 부딪히고 투쟁하며 진리를 향해 나아가는 과정,

그것이 바로 정신의 현상학적 모습이다.”

공부란 자유를 향한 여정이라는 겁니다. 공부를 왜 해야 하냐고요? 우리를 옭아매는 고정 관념과 틀에 박힌 사고에서 벗어나 진리를 향해 나아가야 하는 것이기 때문이지요. 스스로 생각하고, 내 생각을 당당히 펼치는 주체적인 자세야말로 자유를 나의 것으로 만들 수 있는 참된 공부의 핵심입니다. 자유, 말만 들어도 설레고 또 기대되는 단어잖아요!

헤겔의 이야기를 더 들어 볼게요. 도대체 자유를 향한 우리의 공부가 어떠해야 하는지 고민해 보자고요.

“대상에 몰입하되 동시에 거리를 두어라.
학습 내용과 하나 되어 느끼면서도
동시에 비판적 성찰의 자세를 잃지 말아야 한다.”

이 말씀에 올바른 공부의 자세가 담겨 있어요. 배우는 내용에 푹 빠져들되, 동시에 한 걸음 물러서서 객관적인 눈으로 바라보는 거예요. ‘이게 정말 맞는 걸까?’, ‘다른 관점은 없을까?’ 끊임없이 질문하고 생각하다 보면 어느새 지식을 스스로 해석하고 비판하는 우리의 모습을 발견하게 될 겁니다. 바로 이것이 자유로운 정신의 힘이랍니다.

> **"진리는 결코 고정된 것이 아니다.**
> **오직 오류를 극복하고 모순을 포용하며 나아갈 때**
> **조금씩 진리에 도달할 수 있다."**

공부의 길이 막막할 때가 있어요. 어려운 문제에 부딪히고, 모순된 내용에 혼란스러울 때면 포기하고 싶어지기도 하지요. 하지만 헤겔은 이런 어려움에서도 희망을 보라고 말합니다. 틀리고 넘어지는 과정에서 진리에 다가간다는 것이지요. 우리의 고민과 질문 그 자체가 성장의 자양분입니다. 이때 우리 정신적 성장의 여정은 결코 혼자가 아니라는 것을 알아야 해요.

> **"정신은 고립된 개인이 아닌 공동체 속에서 성장한다.**
> **서로의 생각을 나누고 경청하며 함께 진리를 탐구하는 과정이**
> **우리를 한 단계 더 성장시킨다."**

나와 다른 생각을 가진 친구의 의견에 귀 기울여 보는 겁니다. 색다른 관점에 마음을 열고, 서로의 부족함을 채우며 함께 공부하는 거예요. 진리는 경쟁의 대상이 아니기 때문입니다.

서로의 생각을 존중하며 자유로이 토론하다 보면 어느새 모두가 성장해 있을 거예요.

이제 우리도 정신 현상학의 가르침에 따라 자유의 날개를 펼쳐 볼까요? 주입식 암기에서 벗어나 스스로 생각하고 탐구하는 공부의 기쁨을 만끽하는 거예요. 틀리는 것을 두려워하지 말고 끊임없이 질문해 봐요. 고민하고 의심하는 그 순간이 바로 성장의 순간이니까요.

여러분은 자유로운 정신의 주인공이에요. 세상의 기준에 휘둘리지 않고 내 안의 목소리에 귀 기울이는 당당한 젊은이들이라고요. 그 눈부신 여정을 응원하는 헤겔의 메시지를 마음에 새기며 힘차게 전진해 보자고요. ✌

"세상의 벽에 부딪힐수록 너희 정신의 자유는 더욱 빛나리라.

주저 없이 앞으로 나아가는 그대들 자체가 이미

위대한 정신의 승리자들이다."

생각이 열리고 성적이 오르는 공부팁

질문 중심 학습법

질문 노트를 따로 만들어 봐요. 수업 중 또는 자습 시간에 생긴 의문점을 모두 기록하고, 이에 대한 답을 스스로 찾아가는 방식으로 공부하는 것이지요. 예를 들어

'광합성과 호흡의 관계는 무엇일까?'와 같은 질문을 만들고 해답을 찾아가며 능동적 학습 태도와 깊이 있는 이해력을 길러 봐요.

개념 재구성 학습

학교에서, 그리고 책에서 배운 새로운 개념을 자신만의 언어로 다시 정의하고, 이를 실생활 예시와 연결 지어 설명하는 방식으로 학습합니다. 예를 들어 철학의 '존재론' 개념을 일상적인 '나는 누구인가?'라는 질문과 연결 지어 재해석해 봅니다. 추상적인 개념을 구체화하고 자기만의 지식 체계를 만드는 데 도움이 될 거예요.

5
전체와 부분을 아울러라

관념론에서 배우는 전체를 바라보는 힘

우리는 종종 세상을 너무 좁은 시야로 바라보곤 해요. 눈앞의 문제에 급급하다 보면 정작 중요한 전체를 보지 못하는 것이지요. 공부도 마찬가지예요. 시험에 나올 만한 것만 외우다 보면 큰 흐름을 놓칠 수 있어요. 어느 한 부분에만 파고들면 학습 내용 사이에 긴밀하게 이어져 있는 큰 줄기를 잃어버리고 맙니다.

이럴 때 헤겔이 남긴 '관념론(觀念論)'을 알게 된다면 여러분의 고민을 어느 정도 해결할 수 있을 거예요. 관념론은 전체를 바라보는 눈, 세상을 아우르는 거시적 안목을 기를 수 있는 놀라운 지혜이기 때문입니다. 재해석이란 사물이나 현상을 전체적으로 분석하여 파악하는 것이에요.

"세상의 모든 부분은 전체 속에서만 의미를 지닌다.

부분을 이해하려면 전체를 바라보아야 하며

전체를 깨달으려면 부분을 섭렵해야 한다."

공부의 비밀이 숨어 있는 말씀입니다. 우리가 배우는 모든 내용은 결국 하나로 연결되어 있다는 거예요. 역사, 문학, 과학 등 각각의 조각이 모여 비로소 세상을 설명하는 웅장한 스토리가 되는 겁니다. 우리도 공부할 때 항상 이 연결 고리를 놓치지 말아야 해요. 이를 위해 전체를 바라보는 눈, 즉 거시적 안목을 길러야 합니다.

학습을 할 때도 개별 사실을 암기하기 전에 먼저 전체 구조를 파악해야 해요. 마치 숲을 본 뒤에야 비로소 나무를 이해할 수 있는 것처럼 말이에요. 공부의 시작은 항상 큰 그림을 그리는 일이에요. 내가 배울 내용이 전체 속에서 어떤 위치를 차지하는지, 다른 영역과는 어떻게 연결되는지 살펴보는 것이지요. 이때 중요한 건 디테일에 빠지지 않는 것! 세부 사항은 잠시 접어 두고 오직 핵심 맥락만 따라가 봐요. 숲을 생각하며 걷다 보면 어느새 나무들의 비밀도 눈에 들어올 거예요.

중고등학생 때부터 공부를 잘했다는 여러 대학생의 이야기를 들어 보면, 책 앞에 있는 차례 페이지부터 꼼꼼히 살핀 뒤에 공부를 시작한다는 학생들이 많습니다. 자기가 공부하는 부분이 차례 전체에서 어디에 있는지를 살피고 나서 공부한다는 거예요. '전체는 부분의 총합'이라는 것이지요. 맞습니다. 부분이 어우러져 빚어내는 생동감과 조화, 그것이 전체가 주는 참된 가치이지요.

'통합'이라는 용어가 있습니다. 통합 사회, 통합 과학 등 우리가 통합이라는 단어에 관심을 지니는 이유도 공부란 결국 따로따로 외운 내용을 하나로 엮어 내는 작업이기에 그런 것 아닐까요. 이렇게 부분을 관통하는 흐름을 발견하는 순간, 비로소 여러분은 전체의 경이로움을 만끽할 수 있답니다.

역사 속 사건을 문학 작품, 예술 사조까지 연결해 봐요. 시대정신이라는 큰 물줄기가 눈에 들어올 거예요. 과학 법칙과 수학 공식, 철학 이론을 종합해 봐요. 세상의 근원을 관통하는 진리가 고개를 내밀 거예요. 그렇게 세상의 이치를 깨닫는 것, 이것이야말로 진정한 공부의 길이고 앎의 이유일 겁니다.

우리의 일상도 크게 다르지 않아요. 친구와의 다툼, 부모님과의 갈등, 모두 어떤 맥락 속에 자리 잡고 있는 걸까요? 눈앞의 사건에 휘둘리지 말고 한 발짝 물러나 보세요. 서로의 입장과 상황, 나아가 관계의 본질까지 돌아보는 거예요. 이해의 시선으로 상대를 바라보는 순간, 풀리지 않을 것 같던 마음의 매듭도 서서히 녹아내릴 거예요.

세상을 바라보는 눈을 더 크고 넓게 키워야 합니다. 학습 내용 중 어느 한 부분만 단편적으로 외우기보단 전체의 흐름을 좇아야 해요. 역사, 문학, 과학을 아우르는 지식의 지도를 그려 보는 거예요. 내 삶의 고민도 더 넓은 맥락에서 성찰해 보면서요. 눈앞의 파도에 휩쓸리지 않고 삶의 근원을 꿰뚫어 보는 지혜, 우리 모두 키울 수 있을 거예요.

> **"세상을 바라보는 너희들의 눈이 커질수록**
>
> **너희 정신의 깊이 또한 더해 갈 것이다.**
>
> **안목을 갖추고 세상을 꿰뚫어 보는 그대들은**
>
> **이미 참된 철학도이다."**

관념론이란 이처럼 전체를 보는 생각의 기술입니다. 여러분이 헤겔이 주장한 관념론의 참된 계승자가 되기를 바랍니다. 걱정하지 말아요. 여러분의 눈과 마음은 이미 이 세상을 아우를 만큼 넓고 깊으니까요. 세상의 온 부분을 꿰뚫는 전체의 눈을 가졌다는 걸 잊지 말아요. 여러분은 큰 그림을 보는 혜안으로 무장한 미래의 주역들입니다. 공부의 세계에서도, 삶의 바다에서도 그 넓고 깊은 통찰로 어려움을 잘 이겨 내리라 믿습니다. 🐰

생각이 열리고 성적이 오르는 공부팁

통합적 개념 지도

공부를 할 때 통합 개념의 마인드맵을 만들어 보는 연습을 해 봐요. 예를 들어 '시장 경제' 개념을 중심으로 경제, 정치, 사회, 역사 등 여러 과목의 관련 내용을 연결하여 하나의 큰 그림을 그리는 것이지요. 과목 간의 연계성을 이해하고 종합적 사고력을 기르는 데 도움이 될 거예요.

거시-미시 접근 학습법

거시는 전체를 보는 것, 미시는 작은 부분을 보는 거예요. 공부법에는 거시와 미시가 모두 필요합니다. 예를 들어 물리 개념을 공부할 때 먼저 큰 틀에서 전체 법칙을 이해하고, 그 뒤에 세부적인 공식과 적용 사례를 살펴보는 방식으로 공부해요.

6
절대정신을 체험하라

예술, 종교, 철학을 통한 창의성 계발법

학생들은 시험을 위한 암기, 성적을 위한 반복이라는 굴레에 갇혀 정작 공부의 참맛을 못 느끼는 경우가 많아요. 이때 우리의 마음을 확 열어 줄 헤겔의 한마디가 있습니다.

"절대정신은 인간 정신의 최고 단계이자 창조적 표현의 정수이다.

예술은 아름다움으로, 종교는 경외심으로,

철학은 이성으로 그 경지에 도달한다."

절대정신! 어려운 말이지만 우리가 꼭 알아 두면 좋을 아름다운 단어입니다. 헤겔은 학문의 꽃을 예술, 종교, 철학에서 찾았어요. 단순 암기를 넘어, 창의적으로 생각하고 상상하는 힘은 바로 절대정신의 고귀한 산물이라고 했지요. 우리도 이 경이로운 샘솟음을 공부에 적극 활용해야 합니다. 이제부터 절대정신의 메시지를 우리 공부에 직접 적용해 보려고 합니다.

"예술 작품을 감상하되 그저 수동적으로 받아들이지 말라.
작품 속 숨겨진 의미와 맥락을 네 언어로 재해석하고 표현하는 것,
그것이 창조적 학습의 핵심이다."

시, 소설, 음악, 미술 등 다채로운 예술 작품 속에는 우리가 배워야 할 깊은 통찰이 담겨 있어요. 단순히 줄거리나 기교에만 주목하지 말고, 숨겨진 상징과 주제를 적극적으로 읽어 보는 거예요. 그리고 내 삶, 내 생각과 연결 지어 새롭게 표현해 보자고요. 재창조의 즐거움이란 카테고리 속에서 여러분은 단순한 공부를 넘어, 예술가의 경지에 다가갈 수 있을 거예요.

"종교는 경외와 겸손의 마음을 가르쳐 준다.
우주의 신비 앞에 끊임없이 질문하고 탐구하는 것,
그것이야말로 학문의 원천적 자세이다."

여러분은 절에 다니나요? 아니면 교회에 다니나요? 모두 좋습니다. 종교에는 세상을 향한 경이로움이 깃들어 있으니까요. 경외감 속에서 여러분은 끝없이 실문하게 되지요. '나는 누구인가? 세상의 근원은 무엇일까?' 이런 근원적 물음이야말로 공부의 씨앗이 됩니다. 교과서 너머 세상의 신비를 느끼고, 겸허한 자세로 학습하는 태도를 지녀 보는 게 어떨까요? 우리 공부에 종교적 영감을 더해 보는 겁니다.

"철학은 이성으로 세계를 꿰뚫는 힘을 준다.
개별 지식 너머의 궁극적 진리를 탐구하고 체계화하는 것,
그것이 진정한 앎의 완성이다."

어려운 철학 개념에 겁먹을 필요 없어요. 철학은 결국 세상의 모든 이치에 대해 생각하는 지혜랍니다. 구체적인 사례를 넘어 근본적인 원리를 고민하고, 모순된 주장 속에서 일관된 논리를 찾아가 봐요. 혼란스러운 것들 사이로 우리만의 나침반을 세우는 연습, 철학적 사유로 시작할 수 있어요. 공부의 바다를 항해할 굳건한 등대, 여러분은 철학에서 찾을 수 있답니다.

헤겔의 가르침대로 절대정신의 세계와 가까이해 보는 건 어떨까요? 예술, 종교, 철학의 빛으로 공부의 지평을 환히 밝히는 거예요. 우리 주변에 휙휙 지나치는 그림 하나, 철학적 문장 하

나, 그리고 교회나 절에서 느끼는 말씀 하나에 집중하는 것! 이
것은 어쩌면 우리의 공부와 직접적으로 연관이 있을지도 모르
니까요!

"숭고한 예술 작품 앞에서 넋을 잃어 보라.

종교적 경외감으로 지식에 접근하라. 철학으로 사유의 깊이를 더하라.

그대들 안의 절대정신이 눈부시게 꽃피는 순간,

참된 창조의 기쁨을 만끽하리라."

예술의 눈으로 교과서를 바라보고, 종교의 마음으로 진리를
탐구하며, 철학의 지혜로 지식을 체계화하면 어떨까요? 세상의
아름다움과 경이로움, 참됨이 내 공부에도 스며드는 기적 같은
순간을 떠올려 보면 좋겠습니다. ✿

생각이 열리고 성적이 오르는 공부팁

철학적 질문 탐구
철학적 질문 일기를 작성해 봐요. '행복이란 무엇일까?'와 같은 철학적 질문을 매
일 하나씩 정하고, 이에 대한 자기의 생각을 정리하는 것이지요. 이 질문을 다양
한 교과 내용과 연결 지어 탐구하면 더욱 좋겠습니다. 예를 들어 행복에 관한 질
문을 윤리, 문학, 생물학 등 여러 과목의 관점에서 깊이 생각해 보는 것이지요.

헤겔의 명언으로 살펴보는 인생 교훈

모순을 안고 씨름하며 그 속에서
진리의 싹을 찾아내려 노력하라.
그것이 참된 앎으로 나아가는 길이다.

중요한 것은 결과가 아니라 과정이다.
모순을 인내하며 진리를 향해
나아가는 노력 그 자체가
고귀한 것이다.

진리를 향한 길은 결코
평탄한 것이 아니다.
그러나 모순을 껴안는 용기와
진리를 향한 열정을 잃지 않는다면
반드시 찬란한 지혜에 도달하리라.

개인의 삶은 시대의 거대한
흐름 속에서 이해되어야 한다.
역사 속 인물의 궤적을 살피는 것은
자신을 성찰하고
앞으로 나아갈 힘을 얻는 방법이다.

역사적 인물들의 삶 속에는
시대를 뛰어넘는 진리가 담겨 있다.
그들의 고뇌와 열정, 그리고
성찰의 순간들을 함께 체험하라.

역사는 과거에 머무르지 않는다.
너희가 바로 살아 있는 역사의
현재이자 미래다. 위대한 정신으로
앞으로 나아가는 그대들 자체가
역사이다.

대상에 몰입하되
동시에 거리를 두어라.
학습 내용과 하나 되어 느끼면서도
동시에 비판적 성찰의 자세를
잃지 말아야 한다.

진리는 결코 고정된 것이 아니다.
오직 오류를 극복하고
모순을 포용하며 나아갈 때
조금씩 진리에 도달할 수 있다.

정신은 고립된 개인이 아닌
공동체 속에서 성장한다.
서로의 생각을 나누고 경청하며
함께 진리를 탐구하는 과정이
우리를 한 단계 더 성장시킨다.

세상의 모든 부분은 전체 속에서만
의미를 지닌다. 부분을 이해하려면
전체를 바라보아야 하며
전체를 깨달으려면
부분을 섭렵해야 한다.

세상을 바라보는 너희들의 눈이
커질수록 너희 정신의 깊이 또한
더해 갈 것이다. 안목을 갖추고
세상을 꿰뚫어 보는 그대들은
이미 참된 철학도이다.

예술 작품을 감상하되
그저 수동적으로 받아들이지 말라.
작품 속 숨겨진 의미와 맥락을
네 언어로 재해석하고
표현하는 것, 그것이
창조적 학습의 핵심이다.

5장

니체

나를 죽이지 못하는 것은
나를 더 강하게 만든다!

1
니체를
소개합니다!

　'나를 죽이지 못하는 것은 나를 더 강하게 만든다.'는 명언을 들어 본 적 있나요? 이 유명한 말을 남긴 철학자는 프리드리히 니체(Friedrich Wilhelm Nietzsche, 1844~1900)예요. 이 멋진 철학자는 우리가 어떻게 공부하고 살아가야 하는지에 대해 정말 소중한 가르침을 주신 분이랍니다. 오늘은 니체에 대해 자세히 알아볼게요.

고민이 많고 생각이 깊었던 어린 시절

　니체는 1844년 독일의 작은 마을에서 목사의 아들로 태어났어요. 어린 시절에 아버지와 남동생이 병으로 일찍 세상을 떠난 탓에 니체는 또래 아이들보다 생각이 깊고 조숙했어요. 친구들은 그런 그를 '꼬마 목사'라고 놀렸지요.

어릴 적부터 책 읽기를 좋아했던 니체는 여섯 살에 학교에 입학했고, 열 살에는 기독교 학교인 돔 김나지움에 다녔어요. 총명했던 그는 특히 언어와 음악 과목에 두각을 드러냈지요. 그러나 얼마 후에 건강이 나빠져서 한동안 학교에 다닐 수 없었어요.

니체는 집에서 음악과 시를 창작하며 건강을 되찾아 나갔어요. 몸이 어느 정도 회복되자 니체는 독일의 명문 학교인 슐포르타에 전액 장학생으로 입학했어요. 슐포르타는 당시 세계적으로 유명한 사립학교였어요. 니체는 그곳에서 열심히 공부했어요. 니체의 머리에서는 온갖 질문이 쏟아져 나왔고, 그 답을 찾아 이것저것 탐구하는 게 그의 가장 큰 즐거움이었다고 해요.

스무 살이 된 니체는 독일 본 대학교에 진학해 고전 문헌학을 전공했어요. 어려운 그리스와 로마의 책들을 읽으며 인간과 세계에 대해 깊이 생각했지요. 니체의 비상한 재능은 금세 세상에 알려졌어요. 놀랍게도 니체는 대학을 졸업하기도 전에 박사학위도 없이 스위스 바젤 대학교의 교수로 임명되었답니다. 24세의 나이에 최연소 교수가 된 거예요.

전통적인 가치관을 깨부수는 망치를 든 철학자

황금 같은 미래가 기다리고 있었지만, 니체의 인생은 평탄하지만은 않았어요. 건강이 좋지 않아 교수직을 일찍 그만두었거든요. 하지만 니체는 좌절하거나 포기하지 않았어요. 오히려 병마와 싸우면서도 책을 쓰고 자신의 사상을 발전시켰지요. 그리고 많은 책을 썼어요. 대표적인 책으로는《비극의 탄생》,《차라투스트라는 이렇게 말했다》,《선악의 저편》등이 있답니다.

니체의 책에는 그가 끊임없이 고민했던 질문과 통찰이 담겨 있어요. 니체는 기존의 가치관에 의문을 던지고, 새로운 눈으로 세상을 바라봐야 한다고 제안했지요. 특히 당시 서양 사회를 지배하던 기독교적 세계관에 맞서는 내용이 많아요. 기독교는 선과 악, 삶과 죽음을 분명하게 구분하고 현재의 삶은 고통의 연속이라고 가르쳤지요. 하지만 니체는 이렇게 말했어요.

"기독교는 약자의 도덕일 뿐이다.
삶의 고통을 부정하고 악으로 여기는 것은
삶의 본질을 왜곡하는 것이다.
우리는 고통마저도 끌어안고 삶에 더 깊이 뛰어들어야 한다."

어떤가요, 정말 혁명적인 생각이지요? 그렇다면 니체가 우리에게 알려 주려 한 것은 무엇일까요. 니체는 우리에게 초인이 되라고 말했어요. 니체가 말한 초인은 기존의 가치와 도덕에 얽매이지 않고, 자신만의 삶의 방식을 스스로 만들어 가는 사람을 뜻해요. 니체가 보기에 인간은 끊임없이 성장하고 발전하는 가능성을 지닌 존재였거든요. 우리 모두 초인을 꿈꾸며 살아가야 한다는 게 니체의 메시지였어요.

니체의 철학은 우리에게 스스로 생각하는 힘을 길러 주고, 내적 동기를 찾게 해 줘요. 시험 점수를 위해, 부모님의 기대에 보답하기 위해 공부하는 것이 아니라 내가 성장하고 싶어서, 세상을 알고 싶어서 공부하는 거예요. '왜?'라는 질문을 끊임없이 던지며 깊이 탐구하는 태도야말로 니체가 우리에게 가르쳐 주는 공부법이에요.

나를 성장시킬 고통

니체는 고난과 역경을 두려워하지 말라고 말했어요. 공부가 힘들고 지칠 때가 있지요. 하지만 니체는 말합니다.

"위대한 성취는 언제나 고통을 동반한다.
역경은 우리를 더 높은 경지로 이끄는 발판이 될 것이다."

포기하고 싶고 좌절하고 싶은 순간에도, 니체의 응원을 떠올려 보면 어떨까요? 지금의 고난이 결국은 나를 성장하게 할 것이라는 믿음 말이에요. 힘든 순간을 긍정의 힘으로 승화시키는 것, 그것이 니체가 우리에게 전하는 삶의 지혜랍니다.

공부가 지칠 때, 좌절감이 들 때, 니체의 이야기를 떠올려 봐요.

"너는 충분히 잘하고 있다.

지금 느끼는 고통이 언젠가 너를 더 높은 경지로 이끌 것이다."

이 말씀을 가슴에 품고 힘차게 전진하는 여러분이 되기를 진심으로 응원합니다. 😊

2
초인이 되기 위한 자기 극복

• • •

고난과 역경 속에서
성장을 목표로 하는 학습법

니체의 대표작 《차라투스트라는 이렇게 말했다》에는 우리가 어떻게 공부해야 하는지, 어떤 자세로 인생을 살아야 하는지에 대한 놀라운 통찰이 가득 담겨 있어요. 그 책에 담긴 니체의 강렬한 메시지를 소개할게요.

"인간은 반드시 극복되어야 할 무엇인가이다.
여러분은 무엇을 했는가, 여러분은 무엇을 극복했는가?"

사람은 자신이 가진 한계와 약점, 나쁜 습관 등을 끊임없이 극복하면서 더 나은 존재로 거듭나야 한다는 거예요. 공부도 마찬가지랍니다. 어려운 문제에 부딪히면 겁먹고 피하고 싶지요. 하지만 그럴 때일수록 니체의 말을 들여다봅시다.

"위대함에 이르는 길은 언제나 험난하고 외롭다.
고난과 역경을 이겨 내야 한다. 그 순간이 성장의 기회다."

우리가 도전하고 싶은 꿈, 이루고 싶은 목표가 있다면 반드시 장애물이 있기 마련이에요. 하지만 그 고비를 잘 넘기면 더 높은 곳으로 날아오를 수 있답니다. 자기를 이기는 순간에 새로운 자아가 탄생하기 때문이지요. 나 자신을 이기면, 그때 우리의 자아는 더 강하고, 더 지혜롭고, 더 창조적으로 성장합니다.

그게 가능하냐고요? 가능해요. 왜냐하면 우리 안에는 믿기 힘들 만큼 놀라운 힘이 숨어 있기 때문이에요. 그것을 끄집어내는 유일한 방법은 바로 '자기 극복'입니다. 어제의 나보다 조금 더 발전한 오늘의 내가 되기 위해 노력하는 것이지요. 예를 들어 볼까요?

영어 공부를 너무 버거워한 친구가 있어요. 단어도 잘 외워지지 않고, 문법도 너무 어려워서 포기하고 싶었대요. 근데 어느 날 니체의 이 명언을 접하게 되었어요.

"여러분이 가진 결점을 긍정하고 사랑하라.

그것이 여러분을 더욱 강인하게 만들 것이다."

처음에는 이게 무슨 뜻인지 몰랐대요. 약점을 사랑하라니, 말도 안 되는 소리 같았거든요. 근데 곰곰이 생각해 보니 깨달음이 왔대요. 영어를 잘 못한다고 스스로 원망하고 책망하기보다는, 못하는 자신을 인정하고 받아들이는 것. 지금의 부족함을 사랑하면서도, 동시에 그것을 극복하기 위해 노력하는 것. 이 두 가지를 균형 있게 해내는 게 진정한 성장의 비결이라는 걸 느꼈다고 해요. 정말 멋진 깨달음이지요.

그 친구는 니체의 이 말을 실천해 봤어요. '나는 영어를 잘 못해. 하지만 그게 뭐 어때? 난 열심히 노력하고 있으니까 언젠가는 꼭 극복할 거야!' 이러한 긍정적인 생각을 지니고 영어 공부에 매진했대요. 처음에는 힘들었지만, 조금씩 실력이 느는 걸 경험하면서 자신감도 붙고 재미도 붙었지요. 지금은 영어 성적이 크게 오른 것은 물론, 자기 자신을 더 사랑하게 되었답니다.

여러분도 한번 도전해 봐요. 자기 안의 부족함, 약점, 결점을 있는 그대로 품는 거예요. 그러면서도 동시에 그것을 넘어서기 위해 끊임없이 정진하는 거예요. 여러분 자신을 사랑해야 하는 건 당연합니다. 하지만 그렇다고 지금의 모습에 머무르면 곤란하겠지요. 사랑은 극복을 위한 원동력이어야 하니까요.

"초인이 되기 위한 자기 극복, 그 길은 결코 평탄한 것이 아니다.
하지만 그 길을 걸어갈 수 있을 때만
인생의 참된 의미를 깨달을 수 있다."

우리 다 함께 초인이 되는 그 길을 걸어가 보면 어떨까요? 때로는 넘어지고 때로는 좌절하겠지만, 포기하지 않고 나아간다면 반드시 빛나는 성취를 이룰 수 있을 거예요. 지금 바로 책상 앞에 앉아 볼까요? 가장 하기 싫고 피하고 싶은 공부를 마주하는 거예요. 그리고 니체의 이야기를 가슴에 되뇌면서 용기 내어 공부해 봐요. 🐾

생각이 열리고 성적이 오르는 공부팁

초인 대화록

공부하면서 어려움을 느낄 때마다 업그레이드된 나와 대화를 나누는 형식으로 글을 씁니다. 예를 들어 '현재의 나 : 이 물리 문제가 너무 어려워. / 미래의 나 : 그래, 하지만 이 문제를 해결하면 너는 한 단계 성장할 거야.' 이런 식으로 자기와의 대화를 통해 학습 동기를 유지하고 스스로를 격려해요.

매일 쓰는 일기를 '극복 일기'라고 해 보면 어떨까요. 그날 겪은 학습의 어려움과 그것을 어떻게 극복했는지, 그 과정에서 무엇을 배웠는지를 상세히 기록해 봐요. 이렇게 자신의 성장 과정을 객관적으로 관찰하고, 어려움을 극복한 경험을 쌓아 나가면 한층 더 성장할 수 있답니다.

3

선악을 넘어서는 통찰

흑백 논리에서 벗어날 줄 아는 창의적 사고법

니체의 또 다른 걸작 《선악의 저편》에 대해 알아볼 거예요. 이 책에는 우리가 공부하면서 반드시 갖춰야 할 자질, 바로 '창의적 사고력'에 대한 놀라운 통찰이 담겨 있답니다.

사람들은 종종 세상을 흑백 논리로 바라보곤 해요. 좋은 것과 나쁜 것, 옳은 것과 그른 것을 분명하게 가르려 들지요. 하지만 니체는 이렇게 말했어요.

"선악에 대한 구분은 인간이 만든 허상이다.

우리는 그 틀에서 벗어나 새로운 시선으로 세상을 봐야 한다."

우리가 당연하게 여겼던 기준들이 사실은 우리 스스로 만든 것일 뿐이라는 겁니다. 그런데 이게 공부랑 무슨 상관이냐고요? 관련이 있습니다. 많은 친구가 공부를 지겹고 재미없는 것, 하기 싫어도 의무적으로 해야만 하는 것으로 여기잖아요. 선악의 구도에서 악의 편에 속한 것처럼 말이에요. 하지만 니체는 그런 고정 관념을 깨부수고 공부를 전혀 다른 시선으로 바라보라고 했어요.

상상해 볼까요? 만약 공부가 지루한 것이 아니라 신나는 모험이라면? 의무가 아니라 기회라면? 바로 이러한 경지에 이르는 것이 창의적 사고력이에요. 주어진 틀에 갇히지 않고, 자유롭고 유연한 사고로 공부에 접근하는 것이지요. 니체의 명언처럼요.

"가장 큰 위험은 안전하고 평범한 삶에 있다.
끊임없이 도전하고 창조하는 삶을 살아야 한다."

여러분도 공부에 대한 그런 도전, 해 보고 싶지 않나요? 이렇게 한번 해 보면 어떨까요? 우선 공부할 때 공부의 주제에 대해 질문을 해 봐요. 교과서나 참고서에 나온 설명을 그대로 받아들이는 게 아니라 '왜 그럴까?', '다른 방식으로는 안 될까?' 하며 호기심을 가지고 궁금증을 품어 보는 거예요. 그러다 보면 늘 보아 왔던 것들이 전혀 새로운 모습으로 다가올 거예요.

"모든 학문은 하나로 연결되어 있다.

경계를 넘나드는 사고야말로 진정한 창의성의 원천이다."

니체의 말처럼, 여러 과목을 연결 지어 공부하는 것도 추천 해요. 예를 들어 국어 개념을 역사에 적용하거나, 과학 이론을 미술 작품에서 발견하는 것처럼요. 다양한 분야를 아우르는 폭 넓은 시야를 지니면, 어떤 문제에 부딪혀도 유연하게 대처할 수 있을 거예요.

가장 중요한 건 실패를 두려워하지 않는 것! 창의적 도전에 는 언제나 시행착오가 따르기 마련이거든요. 실패는 성공의 어 머니입니다. 실패를 딛고 일어설 때마다 여러분은 한 뼘 더 성 장할 수 있어요. 그러니 영어 시험에서 좋은 점수를 받지 못했 다고 좌절할 게 아니에요. 그 실수를 발판 삼아 앞으로 나아가 면 됩니다.

우리 함께 공부에 대한 선입견을 깨 보는 건 어떨까요? 주어 진 정답을 그저 외우고 반복하는 것이 아니라, 스스로 문제를 제기하고 해답을 찾아가는 과정 자체를 즐기는 거예요.

"현재에 만족하지 마라. 끊임없이 도전하고 탐구하는 자만이

진정한 창조의 기쁨을 맛볼 수 있다!"

니체가 우리에게 전하고자 했던 메시지, 잊지 말아요. 이제 여러분이 직접 실천할 차례입니다. 가장 싫어하는 과목, 혹은 가장 어려워하는 문제를 골라 봐요. 그런 다음, 오늘부터 새로운 자세로 도전하기로 해요. 포기하지만 않는다면, 곧 그 과정 자체가 즐겁다는 걸 깨닫게 될 거예요. 창의적으로 사고하고, 주도적으로 탐구하고, 실패를 두려워하지 않는 멋진 여러분이 되어 봐요.

자신을 잘 들여다볼 줄 아는 사람만이 진정 눈부신 별을 발견하는 법이에요. 모두 함께 용기 있는 탐험가가 되어 보자고요. 기성의 틀을 깨부수고 창의적으로 사고하는 혁신가가 되어 보는 거예요. 여러분 모두 그럴 자격이 있으니까요. ⩛

생각이 열리고 성적이 오르는 공부팁

역발상 학습법

반대로 생각하는 연습을 해 봅시다. 교과서 내용을 공부할 때마다 그 반대의 경우를 상상하고 기록하는 거예요. 예를 들어 역사 수업에서 '만약 세종대왕이 한글을 창제하지 않았다면?'이라는 질문을 던지고, 그 가상의 시나리오를 떠올려 보는 것이지요. 이 방법으로 고정 관념을 깨고 다양하게 생각하는 능력을 키울 수 있어요.

4

힘을 향한 의지로 앞으로 나아가기

내적 동기를 발견하고 학습 의지를 키우는 법

이번에는 니체의 또 다른 걸작 《힘에의 의지(권력에의 의지)》
로 깊이 있는 공부 여행을 떠나 볼 거예요. 이 책에는 우리가
공부를 지속하는 데 필요한 원동력인 '내적 동기'를 키우는 놀
라운 지혜가 담겨 있어요. 혹시 공부를 억지로 하고 있는 친구
들 있나요? 그렇다면 공부가 마치 우리 바깥에서 강요되는 의
무인 것처럼 느껴질 거예요. 하지만 니체는 이런 말을 했어요.

"진정한 힘은 외부에서 오는 것이 아니다.
그것은 우리 내면에서 끊임없이 솟아오르는 생명력이다."

우리가 공부하는 진짜 이유, 바로 우리 자신에게서 찾아야 한다는 거예요. 어떻게 하면 그런 내적 동기를 발견할 수 있을까요?

"네 안에서 울려 퍼지는 목소리에 귀를 기울여라.
그것이 바로 힘에의 의지, 너 자신을 끊임없이 성장시키고자 하는
열정의 목소리다."

니체의 이 말에 따르면, 우리는 더 나은 존재가 되고자 하는 갈망을 지니고 있어요. 근데 그게 바로 공부의 원천적 동력이 될 수 있다고 합니다. 새로운 것을 배우고 싶은 마음, 세상을 더 잘 이해하고 싶은 열망, 자신의 가능성을 마음껏 실현하고 싶은 갈증, 이 모든 게 바로 '힘에의 의지'의 다른 이름이랍니다. 그렇다면 이 의지를 어떻게 실천할 수 있을까요?

가장 먼저 여러분 자신에게 질문을 던져 보는 거예요. '내가 공부하는 진짜 이유는 뭘까?', '공부를 통해 내가 이루고 싶은 꿈은 무엇일까?' 이제 천천히 눈을 감고 깊이 생각해 봐요. 머릿속에 떠오르는 목표와 가치들, 그것이 바로 여러분만의 '힘에의 의지'를 깨우는 열쇠가 될 거예요.

"자신을 정복하는 것, 그것이 모든 힘의 원천이다."

니체의 이 말을 꼭 기억해요.

이렇게 내적 동기를 발견했다면, 이제 그 힘을 공부에 쏟을 차례예요. 어려운 문제에 부딪혔다고 해서 주저앉지 말아요. 지금 고비를 넘기면 분명 성장할 수 있다는 걸 기억해요. 고난은 위대함에 이르는 필수 조건이니까요. 역경을 딛고 일어설 때마다 여러분은 더욱 강해질 거예요.

그렇다고 무조건 몸도 돌보지 않고, 온갖 공부에 대한 스트레스를 지닌 채 공부만 해야 하는 건 아니에요. 휴식도 중요하니까요. 공부도 중요하지만 가끔은 멈추는 것도 필요해요. 니체는 이런 말도 남겼어요.

"위대한 정신은 고독 속에서 자신을 재충전한다.
영혼의 휴식 없이는 지속 가능한 성장은 불가능하다."

지치고 힘들 때 잠시 숨을 고르고, 나를 재충전하는 시간도 가져 봐요. 산책이나 음악 감상, 독서 등을 통해 내 안의 힘을 다시 채우는 것도 좋습니다. 그렇게 자신을 돌보는 시간 자체가 공부의 일부가 될 수 있어요.

어때요? 이제 니체의 가르침에 따라 '힘에의 의지'로 무장할 준비가 되었나요? 내적 동기를 찾고, 역경에 굴하지 않고, 현명하게 휴식하면서 말이에요. 스스로 내적 동기의 힘으로 채찍질하고, 역경이라는 벼락을 맞으며, 고독의 샘물로 우리 자신을 재충전하는 여정을 떠나는 것, 두려워하지 말고 한번 해 봐요! 😊

생각이 열리고 성적이 오르는 공부팁

자기 도전 프로젝트

도전 프로그램을 스스로 만들어 봐요. '30일 도전' 프로그램은 어떨까요? 매월 새로운 목표를 설정하고 30일 동안 꾸준히 실천하는 겁니다. 예를 들어 '30일 동안 매일 수학 올림피아드 문제 1개 풀기'와 같은 도전을 통해 학습 의지를 스스로 강화해 봅니다. 자기 주도적 학습 능력과 끈기를 기를 수 있을 거예요.

동기 부여 비전 보드

자신의 꿈을 이루기 위한 과정을 단계별 목표로 시각화하여 벽에 붙여 둡니다. 공부할 때마다 이 비전 보드를 보며 내적 동기를 강화하는 것이지요. 학습 동기를 긴 시간 유지하는 데 도움이 될 거예요.

힘 충전 일기

자신을 위해 스스로 힘을 주는 노력을 해 봐요. 매일 밤 그날 자신에게 힘이 되었던 순간들, 작은 성취 등을 기록하는 것이지요. 어려운 문제를 해결했거나 새로운 개념을 이해했을 때의 기쁨 등을 적으며 자신의 성장을 확인합니다.

5

영원 회귀 사상으로 마주하는 시행착오

실패의 반복 속에서 성장하는 공부법

공부하다 보면 실수하고 실패하는 일이 참 많을 거예요. 시험 점수가 뚝 떨어지기도 하고, 문제집을 다 풀었는데도 여전히 어려운 문제가 나오기도 하고요. 그럴 때면 좌절하고 자책하게 돼요. '내가 뭘 잘못했지?', '나는 왜 이렇게 못할까?' 하면서 말이에요. 하지만 이런 실패를 새로운 눈으로 바라보는 법을 배워 봐요. 니체의 또 다른 저서 《즐거운 학문》에는 이런 말이 담겨 있어요.

"인생에서 가장 소중한 것은 반복이다.

모든 걸 기꺼이 다시 경험할 수 있는 자만이 진정한 긍정의 힘을 지닌다."

여러분, 이 말씀 정말 멋지지 않나요? 실수와 실패는 부끄러워하거나 후회할 게 아니라는 거예요. 오히려 그것을 다시 껴안고 그로부터 배우려는 자세가 중요한 것이지요. 이것이 바로 니체의 영원 회귀 사상의 핵심입니다.

영원 회귀란 무엇일까요? 우리가 살아가는 이 삶, 지금 여기, 이 순간이 영원히 반복된다는 것이지요. 내가 어떤 선택을 하든, 어떤 상황을 마주하든 그것을 온전히 받아들이고 사랑할 줄 알아야 한다는 거예요.

시험에서 떨어졌다고 좌절할 게 아니에요. 그 실패를 다시 품에 안고, 거기서 배울 점을 찾아야 합니다. 그렇게 실패를 반복하면서도 계속 성장해 나가는 것, 그게 바로 니체가 말한 위대함으로 가는 길이랍니다. 혹시 그게 너무 어렵지 않을까 걱정되나요? 괜찮아요. 니체도 그 사실을 알고 있었어요.

"실패를 반복하는 것만큼 어려운 일도 없다.
하지만 그 과정을 진정으로 긍정할 때
우리는 비로소 자유롭고 창조적인 삶을 살 수 있다."

자신의 실패를 받아들이기 어려울 때도 있겠지만, 최대한 긍정적으로 생각하기 위해 노력해 봐요. 오늘의 실수를 내일의 밑거름으로 삼으면 되니까요. 수학 문제를 열 번 틀리면, 열한 번째에는 꼭 맞힐 수 있다고 믿어 봐요. 포기하지 않는다면 여러분은 분명 한 뼘 더 성장할 수 있을 거예요.

구체적인 실천 방법을 알고 싶은가요? 이왕 배운 것이니 영원 회귀 개념을 사용해 봅시다. 여러분의 공부 노트에 영원 회귀 일기를 써 보는 건 어떨까요? 매일 공부하면서 겪은 실패와 시행착오들을 낱낱이 적는 거예요. 이때 중요한 포인트는 절대 자책하거나 부끄러워하지 말아야 해요. 그 대신 스스로에게 이렇게 물어봐요. '이 실수로부터 내가 배울 수 있는 교훈은 무엇일까?', '이 경험을 통해 내가 성장하는 방법은 뭘까?' 그렇게 실패 일기를 쓰고 또 쓰다 보면, 어느새 여러분은 실수를 반기고 또 껴안을 수 있게 될 거예요. 실패에 담대해질 수 있다니, 멋지지 않나요?

수많은 실패를 경험한 위인을 롤 모델로 설정하고 공부하는 것도 좋은 방법이에요. 대부분 학자들은 수없이 넘어지고 다시 일어섰을 거예요. 수천 번의 실패 끝에 전구를 발명한 에디슨도 이런 말을 남겼지요. "나는 실패한 게 아니다. 전구를 만드는 방법을 몇천 가지나 발견한 것이다." 정말 놀라운 긍정의 힘이지요. 여러분도 실패를 두려워하기보다 실패에서 배우는 지혜를 발휘해 봐요. 이렇게 영원 회귀를 깨달은 순간, 시행착오는 성장의 징검다리임을 깨닫게 될 거예요.

실패라는 파도에 몸을 맡기고, 시행착오라는 바람에 돛을 달고, 긍정이라는 빛을 따라 항해해 봐요. 분명 험난한 항해가 될 테지만, 우리가 포기하지 않는다면 반드시 찬란한 성장의 섬에 도달할 테니까요.

"위대한 항해는 고난에 맞서 싸우는 것이 아니라

고난을 끌어안는 것에서 시작된다."

니체의 이 말을 잊지 말아요! 앞으로 펼쳐질 무수한 실패와 성공들, 그 모든 순간을 기꺼이 긍정하고 또 긍정하기를! 여러분의 영원 회귀는 지금부터 시작입니다. 🐾

생각이 열리고 성적이 오르는 공부팁

3회 반복 학습법

새로운 개념이나 어려운 문제는 3번 반복해서 학습해요. 첫 번째는 이해를 위해, 두 번째는 깊이 있는 분석을 위해, 세 번째는 응용을 위해 공부합니다. 이 과정에서 매번 새로운 통찰을 얻을 수 있고, 반복을 통해 완전하게 이해할 수 있습니다.

6
디오니소스적 긍정의 힘

힘든 상황을 기회로 여기는 긍정적인 학습 태도

공부라는 여정이 순탄하기만 할까요? 아니지요. 가끔은 너무 버겁고 힘들어서 도망치고 싶을 때도 있을 거예요. 하지만 니체는 우리에게 힘든 순간일수록 오히려 그것을 축복으로 여기라고 알려 주었어요. 역경 속에서야말로 우리가 가장 크게 성장할 수 있기 때문이지요. 이번에는 니체의 책《비극의 탄생》을 통해 이 놀라운 긍정의 힘에 대해 배워 보도록 해요.

"그리스인들은 삶의 고통을 알고 있었다.

하지만 그들은 좌절하기는커녕 오히려 고통을 예술로 승화시켰다.

그것이 바로 디오니소스적 긍정의 힘이다."

니체는 그리스 비극의 정신에 주목했어요. 우리 인생에는 언제나 고난이 함께한다는 것이지요. 하지만 우리가 그것을 받아들이고 긍정할 때 비로소 고통은 우리를 더 높은 경지로 이끄는 원동력이 된다는 거예요.

디오니소스는 그리스 신화에 나오는 술의 신이자 기쁨의 신이에요. 니체가 말한 '디오니소스적'이란 '나'를 잊을 정도로 어떤 것에 빠져들어서 열광하는 것을 뜻하지요.

이와 같은 긍정의 자세는 공부할 때 꼭 필요해요. 시험 기간에 밤잠을 설치느라 너무 지치고, 문제집을 다 풀어도 모르는 문제가 자꾸 나와서 막막할 때가 있지요. 그럴 때 여러분은 주저앉고 싶은 마음이 굴뚝같겠지만, 니체는 오히려 웃으라고 합니다.

"고통 앞에서 춤추고 노래하라.
너희가 그 고통에 짓눌리지 않는다는 것을,
오히려 그것에 의미를 부여할 수 있음을 보여 주어라."

괴로움, 그 자체를 부정하거나 외면하지 말고, 오히려 그것을 가슴 깊이 끌어안으라는 거예요. 그리고 웃음으로, 긍정으로 그 고통을 이겨 내는 것이지요. 어떻게 하면 그런 긍정의 힘을 기를 수 있을까요? 니체는 이렇게 조언했어요.

"너희 안의 디오니소스를 깨워라.

삶에 대한 열정, 고통마저 사랑하는 욕망을 불태워라."

여러분, 우리 마음속에는 누구나 디오니소스가 잠들어 있답니다. 그건 바로 역경을 오히려 기회로 바꾸는 놀라운 힘이에요. 공부가 힘들고 지칠 때, 내면의 목소리에 귀 기울여 보는 거예요. "힘든 게 당연하지. 하지만 바로 그 '힘듦' 덕분에 성장하는 거야. 이 고난이 너를 더 높이 끌어올려 줄 거야."

그 목소리를 들었다면 이제 행동에 옮길 차례예요. 가장 먼저 시험에 대한 마음가짐을 바꿔 보는 건 어떨까요? 만약 성적이 기대한 만큼 나오지 않았다면, 좌절하거나 자책하지 말아요. 그 대신 이렇게 생각하는 거예요. '이번 시험은 내 부족한 점을 깨닫게 해 준 고마운 기회야. 다음 시험 때는 이 약점들을 보완해서 꼭 실력을 보여 줄 거야!'

자, '디오니소스적 긍정의 힘'을 가슴에 품어 볼까요? 힘든 순간을 만날 때마다 내면의 그 목소리를 떠올리는 거예요. "괜찮아, 이 고난도 결국 너를 성장시켜 줄 거야." 하며 스스로 다독이고 격려하다 보면, 어느새 역경은 든든한 벗이 되어 있을 거예요. 여러분 안의 디오니소스가, 삶을 끌어안는 그 열정이 여러분을 강하게 만들 거예요.

앞으로 나아가는 것만이 남았네요. 지금부터가 여러분의 진짜 디오니소스적 여정의 시작이에요. 포기하고 싶은 순간에도 디오니소스의 미소를 잃지 않는 여러분이 되기를 응원합니다! 😆

생각이 열리고 성적이 오르는 공부팁

감정 승화 글쓰기

학업 스트레스나 부정적인 감정을 느낄 때마다 그것을 창작의 원천으로 삼아 시나 짧은 글을 써 봐요. 이를 통해 감정을 건설적으로 표현하고, 스트레스를 창조적 에너지로 전환할 수 있어요.

긍정 강화 명상

공부를 시작하기 전 10분간 명상을 하며 자신의 강점과 가능성에 집중해요. '나는 어려움을 극복하는 힘이 있다.', '모든 경험이 나를 성장시킨다.' 이렇게 긍정적 자기 암시를 반복하면서 학습에 대한 긍정적 태도와 자신감을 유지해요.

니체의 명언으로 살펴보는 인생 교훈

삶의 고통을 부정하고
악으로 여기는 것은
삶의 본질을 왜곡하는 것이다.
우리는 고통마저도 끌어안고
삶에 더 깊이 뛰어들어야 한다.

위대한 성취는 언제나
고통을 동반한다.
역경은 우리를 더 높은 곳으로
이끄는 발판이 될 것이다.

인간은 반드시 극복되어야 할
무엇인가이다.
여러분은 무엇을 했는가,
여러분은 무엇을 극복했는가?

위대함에 이르는 길은
언제나 험난하고 외롭다.
고난과 역경을 이겨 내야 한다.
그 순간이 성장의 기회다.

여러분이 가진 결점을 긍정하고
사랑하라. 그것이 여러분을
더욱 강인하게 만들 것이다.

선악에 대한 구분은
인간이 만든 허상이다.
우리는 그 틀에서 벗어나
새로운 시선으로 세상을 봐야 한다.

가장 큰 위험은 안전하고
평범한 삶에 있다.
끊임없이 도전하고
창조하는 삶을 살아야 한다.

모든 학문은 하나로 연결되어 있다.
경계를 넘나드는 사고야말로
진정한 창의성의 원천이다.

네 안에서 울려 퍼지는 목소리에
귀를 기울여라.
그것이 바로 힘에의 의지,
너 자신을 끊임없이 성장시키고자 하는
열정의 목소리다.

위대한 정신은 고독 속에서
자신을 재충전한다.
영혼의 휴식 없이는
지속 가능한 성장은 불가능하다.

인생에서 가장 소중한 것은 반복이다.
모든 걸 기꺼이 다시
경험할 수 있는 자만이
진정한 긍정의 힘을 지닌다.

너희 안의 디오니소스를 깨워라.
삶에 대한 열정,
고통마저 사랑하는
욕망을 불태워라.

철학으로 다잡는
열다섯의 공부법

2024년 11월 15일 초판 01쇄 인쇄
2024년 11월 25일 초판 01쇄 발행

지은이 김범준

발행인 이규상 편집인 임현숙
편집장 김은영 책임편집 문지연 책임마케팅 원혜윤
콘텐츠사업팀 문지연 강정민 정윤정 원혜윤 이채영
디자인팀 최희민 두형주
채널 및 제작 관리 이순복 회계팀 김하나

펴낸곳 (주)백도씨
출판등록 제2012-000170호(2007년 6월 22일)
주소 03044 서울시 종로구 효자로7길 23, 3층(통의동 7-33)
전화 02 3443 0311(편집) 02 3012 0117(마케팅) 팩스 02 3012 3010
이메일 book@100doci.com(편집·원고 투고) valva@100doci.com(유통·사업 제휴)
포스트 post.naver.com/black-fish 블로그 blog.naver.com/black-fish
인스타그램 @blackfish_book

ISBN 978-89-6833-489-4 43370
ⓒ 김범준, 2024, Printed in Korea